농사 하니까
농사일이 어른이지

보통의 농가, 농부의 살림살이 3
농사 하니까 농사일이 어른이지

ⓒ 코뮤니타스, 농촌진흥청 국립농업과학원

기획	코뮤니타스, 농촌진흥청 국립농업과학원
글	이정화
취재	이정화
디렉터	신동호
에디터	이정화
사진	최근희
디자인	안지경
발행	코뮤니타스
발행일	2022년 12월 30일
ISBN	979-11-90440-64-6

이 책은 농촌진흥청 국립농업과학원 농업과학기술 연구개발사업
(과제번호: PJ01426702)의 지원에 의해 제작되었습니다.

이 책의 내용은 〈Creative Commons〉정신에 따라
비영리 목적에 한해 저작자 표기와 함께 활용하실 수 있습니다.

이 도서의 국립중앙도서관 출판예정도서목록(CIP)은
ISBN·ISSN·납본 시스템 홈페이지(https://www.nl.go.kr/seoji)와
국가자료종합목록(https://www.nl.go.kr/kolisnet)에서 이용하실 수 있습니다.

보통의 농가, 농부의 살림살이 3

농사 하니까
농사일이 어른이지

코뮤니타스

여는 글

불편과 쇠락의 농촌마을을
살아내는 힘들

'농업이라는 단어조차 시대에 뒤떨어진 가망 없는 말'마이클 폴란이 되어가는 이 시대에 농촌마을은 어떤 양식으로 존재하고 있는가. 농촌은 생활하기 불편하고 점점 낡아가는 지역이어서 사람들의 삶의 터전으로 매력적인 곳이 아니라, 기회가 되면 떠나고 싶은 곳이 되고 있다. 먹거리에 대해서는 가치를 인정하고 관심을 갖지만 '땅이나 농민의 수고', '생산'과는 연결지어 생각하지 않는다. 한때는 '살아있는 것들의 이치와 생명과 건강'에 중점을 두던 농사 또한 이제는 '기술과 경제'에 중점을 두고 있다.웬델 베리

산업농업이 '농업이 지닌 유구한 살림의 전통'을 흐려왔지만, 여전히 농업은 인류가 오랜 시간 가꾸어온 삶의 결, 원풍경, 유전자를 품고 있다. 농사를 짓는 일은 동식물을 가릴 것 없이 모든 생명에게 정성을 들이는 일이며, 자연과 인간공동체 양쪽에 닿은 연緣과 의무로 중재 역할을 하고 있어 다양한 문화적 힘이 작동하는 일이기도 하다. 농부는 우리가 이해할 수 있는 것보다 훨씬 정교하게 의존하고 영향을 주고받는 거미줄 속에 농사를 짓고 있으며, '최고 단계의 장인', '일종의 예술가'라는 사실을 잊어서는 안된다.웬델 베리

농업은 그 지역의 기후, 생태, 풍토에 조응하며 지역적 적응을 해왔고, 농업 형태 또한 지역적 연관성을 가짐으로써 농촌마을마다 다른 특성을 만들어왔다. 불편과 쇠락 속에서도 농촌마을에는 삶이 면면하고, 농사를 통해 우리와 우리가 사는 장소와 세계를 보존관계로 이어

생명을 지속시키는 활동을 하고 있다. 따라서 지역성, 생태성, 전통지식, 문화원형 등 농업이나 농촌마을의 내재적 가치가 현대 사회가 직면한 기후, 생태환경, 삶의 양식 등 다양한 문제들을 풀어갈 수 있는 문명사적 해법이나 가능성일 수 있다.

우리가 만난 농촌마을은 다소 초라하거나 정리되지 않거나 복잡한 살림에도 절제와 더불어 엄연한 질서와 체계가 있었다. 여전히 터무늬를 지키고 있는 사람들, 몸과 마음에 생채기를 남긴 도시살이를 떠나 다시 탯자리로 돌아온 사람들, 농촌살이를 위해 이주한 사람들, 다양한 나라에서 온 결혼이민자들이 농촌마을의 다양한 삶의 풍경을 이루고 있었다. 지역적 상황과 풍토와 기후에 적응력을 갖춘 삶의 면면들은 비슷하면서도 저마다 다른 결을 이루고 있었다. 고집스럽게 자신의 방식을 지키면서도 서로의 생애기술을 공유하고, 일상적인 교류와 돌봄을 통해 서로의 품이 되어주며, 전통적인 지식과 예법을 존중하면서도 타자를 환대하고 포용하고, 생태적인 감수성을 지닌, 농촌의 경관과 환경을 즐기는, 조금은 느리지만 일과 삶이 조화를 이루고 있었다.

그러므로 우리가 만난 세 개의 농촌마을의 다양한 삶의 원형들이 농촌살이의 생애 서사와 생활세계의 구체성을 이해하는데 도움이 되길 바란다. 팽팽한 긴장감이나 농밀한 감성이 아니라 농촌의 햇살과 바람을 품은 느긋함으로 가닿기를 바란다. 아울러 농업의 중요성과 농촌의 가치와 생태적인 삶을 지향하는, '지역적으로 먹고 지구적으로 생각'조엔 거소하는 이들이 많아지는 데 조금이라도 보탬이 되길 바란다.

농촌진흥청 국립농업과학원과 우리 연구소는 「농어업인 삶의 질 향상 및 농어촌지역 개발촉진에 관한 특별법」(제 8조)에 근거해 농어업 등에 대한 정책을 효과적으로 추진하기 위한 기초자료 제공을 위해 「농어업인 등에 대한 복지실태조사」국가승인통계 제114037호를 5년 1주기

과제로 수행 중에 있다. 이는 도농간 비교를 위한 종합조사1년차와 더불어 경제활동, 문화여가 등2년차, 교육, 가족, 지역사회 및 공동체 등3년차, 보건의료, 사회안전망 및 복지서비스 등4년차, 기초생활여건, 환경·경관, 안전 등5년차 부문별 조사로 이루어져 있다.

한편, 국립농업과학원에서는 제1세부 과제로「농촌마을 유형별 복지실태 변화 사례조사」를 추진하고 있고, 우리 연구소는 제1세부 과제 사례마을을 대상으로 삶의 환경과 마을살이를 보다 정성적이고 구체성으로 파악하기 위해 마을주민을 대상으로 심층면접 In-depth interview 을 진행했다. 문화인류학적 cultural anthropology 접근에 가까운 이 작업은 마을과 주민의 생애, 일상, 공간 등에 대한 소소한 삶의 풍경들을 통해 농촌마을의 현전성과 고유성을 이해하는 데 보탬이 되었으면 하는 바람을 담고 있다. 특별하지 않은 '보통의 농가'라는 관점의 접근은 평균적인 삶을 의미하는 것이 아니다. 같은 마을이라는 물리적 환경에도 불구하고 저마다 다를 수밖에 없는 생애, 일상 등의 공통성과 개별성을 통해 농촌마을살이의 구체성을 이해하고 공감했으면 한다.

코로나로 인해 삶의 환경이 달라진 시기, 어려운 상황임에도 불구하고 곡진한 삶의 사연과 농사의 이력들을 들려준 옥천군 안내면 방곡리, 김천시 구성면 상원리, 담양군 담양읍 삼다1구 주민들에게 깊은 감사를 드린다. 인터뷰를 진행하고, 복잡한 구술을 스토리로 만든 이정화 작가, 인터뷰이들에게 '일상의 포트레이트'를 만들어드린 최근희 사진가, 본 과제를 수행하고 있는 우리 연구소의 김아영 대표, 조이슬 연구팀장, 박련정 연구원, 김예빈 연구원, 전윤정 연구위원에게도 인사를 전한다. 아울러 과제 연구를 함께 수행하고 있는 국립농업과학원 홍석영 과장, 이민우, 윤순덕 연구관, 안필균, 임창수 연구사, 표본 설계와 통계의 정합성을 맡고 있는 부경대 박인호 교수, 복지실태조사를 근거로 농촌연구 자문과 더불어 논문을 통해 공동연구원으로 참여한 가톨릭대 김인설 교수, 공주대 김정태 교수, 경북대 이강형 교수, 예술과 텃밭 백현주 대표, 대구가톨릭대 김경화 교수, 김창열 교수, 남서울대 정건채 교수, 공주대 김태화 교수, 한국농수산대 이민수 교수에게도 고마움을 전한다.

코뮤니타스 대표 신 동 호

〈조사대상 농촌마을 선정 방법〉

「농어업인 등에 대한 복지실태조사」와 연동한 사례조사 대상지 선정을 위한 유형화 절차이기 때문에 인구밀도, 고령화율 등 '인구 특성', 농가 비율 등 '농업 특성', 도심지와의 거리 등 '접근성 특성' 변인을 중심으로 지표를 선정하고, 지표값을 Z점수를 이용하여 표준화하고, 유형화 방법으로 유사도가 가장 높은 개체들을 찾아 연속적으로 유사 사례들을 묶어나가는 계층적 군집분석 방법의 Ward's 방법을 적용해 (1)도심지 접근성 양호지역, (2)과소화·접근성 취약지역, (3)농업유지·고령화 지역을 최종적으로 선정함.

최종 사례지역의 선정은 2018년 기준, 복지실태조사가 진행된 140개 읍면을 군집분석하고, 군집분석 결과에서 집단 간 가장 뚜렷한 차이를 보인 '농가 비율' 변인을 기준으로 각 군집별 평균치에 근접한 지역들(군집1: 전남 담양군 담양읍, 군집2: 충북 옥천군 안내면, 군집3: 경북 김천시 구성면)을 선정하였음. 사례지역 읍면사무소를 방문하여 조사 취지를 설명하고, 지역 유형 특성에 적합한 마을을 추천받았으며, 장기적으로 이루어지는 조사에 협조적으로 응할 수 있는지 등을 고려해 장기조사마을을 선정함.

차례

느릿한 지붕 위 청량한 바람이 머무는 하루,
충북 옥천군 안내면 방곡리 방골마을

한팔순	다문화 살림, 색색의 풍경	18
박병태	근면의 계보를 이어가는 '글로 배운 평생 농사꾼'	32
이성기	'이장일은 농사일을 대변하는 것'	48
조명호	노령화 농촌을 리드하는 슈퍼카 육묘장	70
태이봉	첫 살림집에서 일군 '방골양봉장'	96
최영숙	'우리 둘은 전문 농사꾼이여'	114
차재천	쌀은 미래의 산업 '정방정미소'	132

근엄한 멋과 풍류가 익어가는 풍경,
경북 김천시 구성면 상원리 상원마을

이응수	백년 가옥에서 꿈꾸는 땅의 희망 '결국 사람'	160
이철웅	숨결처럼 지켜 온 종가의 온기	178
김용득	'농사는 사람이 원칙이지'	198
이존화	느릿느릿 걸어 온 외길, 반거치 농사꾼	212
이대화	달빛 한 칸도 지어야 되는 평생 농사꾼	228

푸른 대나무숲 뒤란을 가진 차茶향의 고요,
전남 담양군 담양읍 삼다리 1구 외다마을

박영호	여기가 탯자리, 일상으로 흐르는 소박한 삶	248
김용정	유쾌한 농촌의 파동이 키워내는 도시의 손주들	260
라영주	지금은 '제2의 직업, 제2의 인생'	278
장유정	3대째 내려오는 술맛의 정석	290
최희찬	혼자서 짓는 500평 유기농 농사	300
방정숙	'큰애기 때는 호강있게 살았어요'	316

느릿한 지붕 위 청량한 바람이 머무는 하루,
충북 옥천군 안내면 방곡리 방골마을

느릿한 지붕 위 청량한 바람이 머무는 하루,
충북 옥천군 안내면 방골마을

정곡리는 지금의 정곡正谷, 방곡芳谷, 도이리桃李里 등 3개 마을을 관할하였다. 1739년 여지도서의 기록에 의하면 정곡리正谷里라 하여 85호가, 1891년 신묘장적의 기록에 의하면 113호가 살았던 곳으로 안내면安內面에서 가장 큰 마을이었다.

이 마을에 처음 들어와 정착을 한 사람들이 연일정씨延日鄭氏이었기 때문에 '정실'이라 불렀던 마을은 이후에 '정실'을 한자화하면서 '정'을 '바를 정正'으로, '실'은 골짜기란 뜻으로 '골 곡谷'을 써서 '정곡正谷'이라 하였다 한다.

방곡芳谷은 '방꼴'이라 불리었는데 고려 때 늑천 안선생이 이곳으로 귀양을 와 움막을 짓고 살다가 돌아가게 되면서 이곳 주민들이 인정 많고 덕성스러움을 기리 남겨놓기 위하여 덕행지미德行之美란 뜻으로 '덕성스러울 방芳'자와 '골 곡谷'자를 써서 '방곡芳谷'이라 하였다 한다.

그 후 1914년 행정구역을 일제 정비하면서 정곡正谷과 방곡芳谷의 마을 이름에서 각각 정正자와 방芳자를 합하여 정방리正芳里라 하였고, 도이리桃李里를 따로 분할하여 현재에 이른다.

인근의 안내초등학교는 충북 공교육 모델학교 '행복씨앗학교'를 운영 중인 혁신학교로 옥천의 대표적인 시인 정지용의 생애와 문학과 연계하여 지역교육공동체와 마을 활동가들과 함께 실질적인 교육 생태계를 만들어 가고 있다.

또한 1989년 200여 명의 군민들을 주주로 창간한 옥천신문은 언론의 바람직한 해법을 보여주는 대표적인 지역 언론사로 유명하다.

(참고: 옥천군 홈페이지)

다문화 살림, 색색의 풍경

한팔순 | 1955년생

안남면 오대리에서 5남매 중 둘째로 태어났다.
1978년 결혼하여 9년 후 사별했다.
생전 남편과 함께 토마토 농사를 지었다.
이후 인근의 국수 공장에서 15년 동안 일했다.
슬하에 3남을 두었으며 현재는 캄보디아 며느리와
함께 살고 있다. 최근까지 부녀회장직을 맡아서
알뜰히 마을을 챙기고 있다.

| 생애 |

수몰된 마을, 오대리 포내

저는 고향이 옥천군 안남면 오대리 포내예. 장계리 고기서 물 건너 그 동네에서 살았어요. 친정 형제가 5남매, 전 두 번째 딸이에요. 부모님은 땅콩농사, 보리농사 그런 걸 했어요. 우린 어릴 때 들에 가서 소 풀 비고, 소 몰고 다니면서 꼴 먹이고 했죠. 오빠가 있었어도 오빠는 바빴어요. 동네 4H 회장도 하고, 지도소 다니면서 일 많이 했어요. 오빠하고요 열네 살 차이가 나요. 오빠가 좀 똑똑해요. 아버지는 좀 불편하셔 가지고 일도 잘 못하시고, 오빠가 많이 하시고. 엄마가 장사해서 생활했는데 오빠가 저 초등학교 다닐 때 월남에 갔어요. 2년 동안 오빠가 돈 벌어다 와가주구 땅도 사구 소도 사구 그래 가지고 형편이 나아졌죠. 시집와서 2년 만에 친정이 있던 마을이 수몰이 된 거지요. 그래서 전부 평택으로 이사 갔어요. 바닷가 거기 논을 개발해가지고 거기서 농사 졌어요.

방물장사했던 젊은 엄마

엄마는 농사 졌어도 좀 살기가 힘들어 가지고 보따리 장사 했어요. 비누, 실, 바늘 같은 거 팔러 다니시고. 그래서 저 어렸을 때 혼자 살림 다 살았어요. 전 아홉 살 때부터 밥해 먹었어요. 학교 갔다오면은 지가 밥을 했어요. 동생들도 돌보고. 엄마는 어떨 때는 주무시고 오시기도 허고, 어떤 때는 짐이 많으니까 못 가져왔어요. 그러면 오빠가 물건 한 거를 지고 와요. 시골에는 곡식으로 받아요. 보리쌀, 좁쌀, 쌀, 옥수수, 이런 거로 해가지고 보따리로 못 이고 오니까 지게에다 지구서는 오빠가 가지고 오고, 또 어떨 때는 아부지가 가지고 오고 그렇게 했었어요. 어렸을 때는 그렇게 자랐어요.

배 타고 다녔던 '옥천 죽향학교'

그 옛날에는 배를 타고 건너가야 차를 탈 수가 있었어요. 강 건너에 마을이 있어요. 백사장이 있고 그래서 배를 타고 가야 차를 탈 수 있었어요. 그때 한 30호 가까이 됐을 거예요. 강 건너 마을 오대리 포내. 우리는 강 건너서 옥천 죽향학교라고 있잖아요. 거기 다녔어요. 거기서 걸어서 한 30리길이 돼요. 겨울에는 차를 타고 다녔어요. 너무 춥고 힘들어서 버스 태워달라고 손을 막 흔들고 그람 차를 태워줘요. 태워주면 차타고 가고 안태워주면 추워서 못 갔어요. 배타고 올라가믄 신작로에요. 신작로에서 옥천까지 태워다주지. 겨울에는 안태워주면 못 갔어요. 여름에는 매일같이 뛰어 댕겼어요. 책보 허리에다 메고서는 막 뛰어다녔어요. 그래도 옛날에는 애들 많았어요. 고등학생들, 중학생들 따라서 같이 댕기면 키가 크고 걸음이 빠르니깐, 우리는 항상 뛰다시피 하지. 그때는 눈 쌓이고 하면 학교는 아예 못 갔어요.

저수지가 없어 쌀이 귀했어요

집에서 빨래하고 동생들 키우고 농사 짓구 그랬쥬. 농사 하는 거 거들어주고 밭 매고 그런 거 했어요. 나갈 줄도 몰르구. 땅콩농사, 보리농사 그런 걸로 생계를 해먹고 쌀은 귀했었어요. 그전에는 저수지가 없고 하늘에서 비가 와야 쌀농사를 지었었어요. 그래가지고 쌀은 조금씩 하면은 보리밥에다가 쌀 한 주먹씩 가운데다가 넣어서 아부지만 떠 드리고, 애들만 떠주고 우리는 그냥 보리밥 먹고 그랬어요. 고구마 농사를 많이 져가지고 겨울에는 고구마로 생계를 때우고 그랬지요.

새댁 나이가 좀 먹었네

시집을 스무네 살에 왔어요. 동네 사람이 저기를 중매를 해가주고 요기 시집을 왔지요. 몰랐던 동네죠. 부잣집보다도 식구가 얼마 안 되고 살기도 괜찮다고 했는데 8남매에다가 그냥 고만고만하더라고요. 남편은 8남매에서 셋째. 식구가 시동생, 시누들이 바글바글하고, 생활도 어렵고 그랬어요. 막내 시누가 그때 초등학교 5학년이었어요. 그때 시아부지는 안계셨었어요. 시집오기 2년 전에 돌아가셨다고 하더라고요. 아빠는 서른 살에 결혼했죠. 저도 늦게 왔다고 그랬었어. 왜냐믄 그때는 스물한 살, 스물두 살에 시집을 왔었어요. 저는 그때 '새댁이 나이가 좀 먹었네' 그랬어요.

딱 9년을 함께 산 남편

그때 남편은 농사일 했어요. 담배 농사해도 내 땅이 없으니깐 남의 땅에다 하니깐 다지 주고 생활하구 하니까 남는 게 없더라고요. 그래 고생을 많이 했어요. 하기는 몇 백 씩 했었어요. 근데 농사 지을라믄은 농협에서 돈을 얻어와야 돼요. 그래서 가을에 갚아요. 담배농사 했는데 돈이 모아져야 하는데 돈이 안 모아지는 게 재미가 없더라고요. 워낙 가진 게 없었어요. 형제가 많으니깐 재산은 못 가졌어요. 그래 가지구 그냥 남의 땅 부쳐가지고 간신히 먹고 살았는데, 아빠가 저기 마흔다섯 살에 차 사고로 돌아가셨어요. 죽은 남편이랑 9년 정도 살았어요.

애들 다 키워준 '15년 국수공장일'

월외리 거기 국수공장 지금도 해요. 거기 한 15년을 다녔어요. 그래서 애들 키웠어요. 그때 제법 많이 받았어요, 150만원씩. 서른아홉에 혼자 되고, 마흔 한 살인가 그때부터 국수공장 다녔어요. 아빠 돌아가시고 저는 담배농사도 혼자라서 할 수가 없죠. 그전에 아빠 있을 때는 도마도 농사도 했었어요. 도마도 농사도 재미는 못 봤어요. 돈은 못 벌었어요.

청상으로 혼자 키운 아들 3형제

아들 3형제를 키웠죠. 첫애가 78년생이고 둘째가 79년생이에요. 애들 초등학교는 여기 안내면이고, 중학교는 안내중학교라고 있어요. 고등학교는 옥천으로 다니고요. 아이 하나는 옥천공고, 둘은 옥천고등학교 다녔어요. 지금 둘째는 슬로바키아 있어요. 4년 동안 있다가 이제

1월에 들어올 거예요. 며느리는 12월 18일쯤에 들어올 거고. 막내는 대전 전매청에 다녀요. 첫째는 같이 일하는 분이 소개해 줘 가지고 캄보디아를 갔어요. 가서 만나가지고 4년 전인가 결혼했어요.

| 공간 |

브로크로 지은 집

처음에는 저 우에 집이 있었는데, 지금 다 헐었어요. 방곡리인데, 저 웃동네에서 살다가 이 집을 사가지고 왔죠. 아빠가 돌아가시기 전에 이 집으로 왔죠. 이게 원래는 아버지 형제 큰집이었어요. 그래서 그 큰집 식구들이 다 서울로 가는 머리에 우리가 산거지. 처음에는 큰집에서 같이 살다가 살림 났었어요. 원래 여기 살림나서 살았죠. 저기 아랫동네 살다가 또 셋집 윗집 이집저집 돌아다니다가 살았어요. 마지막에 온 거예요. 그래서 원래는 우에 하우스 친 거 있잖아요, 거기 원래 집 있었는데, 거기가 다 헐어져가지구 그냥 거기를 헐구 그래서 브로크로 여길 지어서 생활한 거죠. 그때랑 형태는 좀 변했죠. 원래는 아궁이었어요. 주방이랑 화장실은 살면서 다시 만든 거예요. 주방은 아빠 돌아가시고 만들었어요.

| 일상 |

캄보디아에서 온 며느리

경기도 안중이라고 거기서 결혼해 가지고 와서, 살림 놔서 살다가, 여기 와서 또 결혼을 했어요. 캄보디아에서도 사흘 동안 하는데, 아주 그냥 뜨겁기만 하고, 한복입고 있는데 아주 힘들었어요. 작년에 애기 낳고서, 애기 돌 전에 여기 옥천 농협예식장에서 합동 결혼을 했어요. 그러니까 결혼식을 두 번 했어요.

경기도에서 한 1년 정도 살았나요. 살다가 야가 힘들어서 못 살겠다고 그러더라고요. 겨울에는 일거리도 없고 춥고 하니까 생활이 안 된다고 거쥬. 그래가지고 집으로 들어온 거예요. 집에 오면 월세는 안 나가잖아요. 그냥 집에 엄마가 농사 지은 거 있으니까, 생활비만 조금만 들어가면 살 수 있다 해서 들어온 거지. 며느리는 들어오는 걸 좀 싫어했는데, 그냥 어떻게, 오빠가 가자고 하면 와야지 뭐. 그래가지고 말은 안 통해도 걍 손짓발짓으로 통해요. 근데 거기서 자기네 음식을 해가지고 가방에 싸가지고 왔어요. 여러 가지 재료도 가져오고, 열매 씨도 가져와서 여기다 키우니깐 되더라고요. 하우스 심었는데 지금 다 말랐어요. 그 새파란 것을 반찬해서 먹더라고요. 그러고 매운걸 좋아해요. 김치찌개 같은 거 잘 먹어요. 지금은 김치찌개, 된장찌개 잘 먹고, 계란 같은 거 해서 애기 먹이고, 한국말도 잘하고, 적응 많이 했어요. 그래갖구 한국학교 저기 옥천 다문화 회관에 일주일에 세 번씩 가서 배웠어요. 지금은 코로나 때문에 쉬고 있어요.

안쓰럽고 딸 같은 며느리

며느리는 스물넷이에요. 근데 농사거리가 없어요. 살림만하고 애기 키우고. 아들이 벌고, 제가 알바해서 벌고 그래 생활해요. 그래도 좀 안됐다고도 싶고. 어린 나이에 먼데를 와서 사는 게 좀 안됐고. 또 없는 집 와서 고생해서 안쓰러워가지고 내가 많이 이해를 하고 딸같이 그렇게 생활하죠. 어려워하는 건 음식이죠. 아직은 돈 벌어놓은 것도 없고, 여기서 초등학교라도 다니고 좀 여유 있으면 지들이 나가고 싶으면 나가고. 나는 나가도 좋고 안 나가도 좋고 같이 살아도 좋고 그래유. 근데 며느리가 쪼끔 불편해하지유. 집이 살기가 복잡하다 이거지. 옷도 제대로 넣을 옷장도 없지, 그래서 여름옷을 박스에다 다 넣어서 저 짝 창고에다 갖다 넣놔야 돼요. 그라고서는 인제 여름에는 꺼내다가 빨아서 또 입어야 되고, 겨울에 옷을 박스에다 넣어가지고서 창고에 넣어놨다가 또 꺼내서 빨아서 입어야 되고 그런 불편도 있어요.

인심 좋고, 서로 돕는 방골동네

옛날에는 방골내라고도 했는데, 주소 쓸 때는 방곡리라고 써요. 저는 원래 여가 감골인 줄 알았어요. 감나무가 많아서 감골인줄 알았더니 방곡리더라고요.

여기 방골동네 인심들은 좋아요. 서로 도와줄라 하구 또 서로 이해심도 많고. 잘 돌아가는 것 같아. 동네일 하면 모두 이렇게 나서서 해주고 그래요. 그런데 요즘은 일 할 사람이 없는 거예요. 힘들다고 안할라고 그래요. 왜 힘이 드냐면은, 내 일 해가면서 또 어디 행사 있으면 행사에 가서 하루 종일 있어야 되지. 그래가지고 저도 살림하고 알바 다니고 하니까 너무너무 힘들어가지고 그만뒀거든요. 내 몸 내가 생각하야지, 누가 내 몸 상하면 알아 주냐고요. 자식도 몰라요. 내 몸 내가 지켜야 된다 그래가지고 그만 뒀거든요. 그만 뒀는데도 그전에 하던 식이라 동네에 또 무슨 일 있으면 같이 해요. 오늘도 떡치자 해서 다 봉지봉지 싸서 물렁물렁한 거로 서른 셋집 돌렸어요.

| 공간 |

• 외부

• 내부

근면의 계보를 이어가는
'글로 배운 평생 농사꾼'

박병태 | 1933년생

방곡리에서 3남중 첫째로 태어났다.
제대 후 '쌀끔이 제일 비싼' 시절
'농민생활 잡지'를 독학하면서 농사일을 익혔다.
25년 동안 포도 농사와 담배 농사를 지었다.
일흔이 넘어 복지관에서 배운 붓글씨는
서예대전에서 수상할 만큼 수준급이다.

| 생애 |

'네가 장잔데 부부 역할을 해야지'

원래 3형젠데 하나는 죽었어. 내가 장남이구, 둘째는 청주 사범 졸업하구 교장까지 하다 퇴임하구. 셋째 놈은 대전고등학교 졸업하구, 병이 나가지구 중도에 죽었어요. 아버지가 편찮으셔서 농사를 못 짓고 하는데 내가 인제 중학교 간다고 하니께 어머니가, '네가 장잔데 부부 역할을 해야지' 그래가 내가 중학교를 못 갔어. 여기 중학교가 없었잖아, 대전 빼구 옛날이라. 그때 해방되구 그냥 있을 수 없어서 낮에는 일하구 주경야독을 했어. 학문 서당에 아침 먹고 댕겼는데 그 서당만 당겨서는 안되겠어. 공부도 못하는 친구들두 아들이면 다 중핵교를 가는데 안되겠어. 그래서 중앙통신 강의록을 하게 됐지.

중앙 통신 강의록 1학년 48호

중앙 통신 강의록, 그거 배우니께 중학교 여러 가지 과정이 다 있구. 서울대 교수, 삼육대 교수들이 강사님인데, 그걸 보니께 중핵교 그까이거 뭐 안가도 영어 수학까지 다 배우지. 그때만 해도 학교가 아니라 강의를 요롷게 주문해서 돈 주면 책이 와. 하여간 책이 좋으니까. 그게 꼭 열두 달이면 1학년 과정. 그러니께 36호면 중학교 과정이고, 48호면 고등학교 1학년 과정 배우거들랑. 내가 그때 고등학교 1학년 48호까지 봤지. 그리고 군대 영장이 나와 가지고 군대 갔는데 군대 생활은 편하게 했어. 딴 사람들은 훈련 마치고 나니께 춘천으로 다 올라갔는데, 나는 어떻게 거기 안 찍혀가지구 나중에 공병학교로 났더라고.

제일 아까운 책 '한국독립운동비사'

그때는 세 칸 집에서 내가 이거 새로 지은 집이지. 이제 집을 올

릴 적에는 집에 있는 물건 마루에 한 데다 내놔야 되야. 책을 보듬어다 가 다 싸가지고 이 마루에다가 놨는데, 어무이 아버지가 다 가지고 갔디야. 참 아까워. 그게 제일 아까운 거지. 한국독립운동 비사, 그 책이 있었는데 그때 그것두 다 보들 못하구설랑.

군대 가기 전에 열여덟부터 스물한 살까지 한 3년 동안 저녁에는 지서 와서 보초 서라고 해서 나와 보니께 독립운동비사가 있어. 우리 지서 주임이 봤는데 내가 인제 그걸 볼만하걸래 가져왔지. 그 당시 지서 주임이, 너 저 충북 경찰학교 추천해 줄 테니께 가라 그랴. 하여간 중핵교 졸업장 없어도 그때는 갔어. 그러니 그때 군대 안가고 경찰로 들어갔으면 좋았지. 그때만 해도 내가 경찰들하고 같이 토벌도 댕기고, 댕겨 보니까 경찰들이 양심껏 다 하면은 월급 가지고서는 못 살어. 자기 집에서 안 도와주면은 축재 같은 것을 해야제. 가만히 보니께 그라더라구. 아이고 그래서 그때 안 간 거지.

필체 때문에 난 조교 발령

공병학교 가서 처음 훈련 마치니께 필적을 보더니 조교로 차출 훈련 당했어. 그래거기서 조교반 교육 받고, 조교 생활 하다가 한 6개월 거기서 하는 동안에 전라도 사병이 탈영을 하는 바람에 그 사병 관리를 못했다고 나는 전방으로 갈 줄 알았더니 부산 광안리 1206건공단으로 갔는데. 이제 이력서 쓰라고 해서 쓰니까, 706중장비 중대로 보냈더라구, 독립 중대. 거기 가니께 또 인제 두 가지 쓰라고 그랴. 쓰니까 너 교육계 조수로 있으라고. 그때 고창 고등핵교 나온 사람이 교육계 보고 있었는데, 교육계 조수로 있다가 그 사람은 1년 있다가 제대하고 내가 끝까지 보다가 3년 7개월 있다가 제대했지.

'농민생활 잡지' 보고 배운 농사일

그때 어디 취직을 할래니께 중학교 졸업장이 있어야지. 그냥 독학 했는데 그게 시험 봐서 들어가진 못 하겠고. 그래서 내가 거기 병기 기재 사장님 보고, 문관위로 들어가려고 했었는데 거기서는 됐는데 여기 대전으로 올라구 하니까 티오가 없어 가지구. 그래 결국 농사지어야 되겠다고 했지. 근데 농사 지을라면 또 잘 지어야 되잖아. 내가 못 배웠으니까 자식만큼은 내가 가르키야 되겠다는 신념으루 농민생활 잡지 보고 또 공부했지.

네 시면 일어나고, 누에도 치고. 그때만 해도 쌀끔이 제일 비쌌으니까, 쌀 한 말을 없는 사람들 주면은 일을 3일씩 해줬어. 우리 저 골짝 마루 논이 있었는데 내가 농민생활 잡지를 보니까, 이앙기를 태워가지고 못자리를 하면은 일찍이 하잖아. 그래서 다수확을 하게 되고 그래가지고 얼른 농사를 잘 짓게 됐지.

뽕잎이니 풀 벼다가 쇠죽 써서 잘 멕이고 하니까 암소가 좋구 매년 송아지 한 마리씩 낳아. 그때는 순전히 소로 농사를 지었으니까 동네 사람들이 우리 소만 갖다 부려. 사람 같이 일을 잘 하니께. 그래가지고 소가 누울 새가 없이 그렇게 했어. 쌀 농사 지어서 없는 사람이 돌라고 해서 한 말 주면은 또 두 말씩, 이자가 그렇게 비쌌어. 이제 저축이 되고, 그래가지고 애들 뒷바라지를 했지. 큰아들 가르칠 때는 돈이 모지래서 농협도 얻어다 쓰고 또 농사지어 갚구 그랬지.

서울대 막내 가르친 '포도, 담배농사'

나보다 나이는 두 살 더 먹었어도 초등학교 1년 선밴데, 제대하면 돈 벌어서 고향에다 땅 사가지구 실컷 먹는다고 했는데, 우리 땅 밑에다가 전답을 사서 포도를 심더라구. 포도 농사 짓는 기술을 대전서 배워가지고 왔어. 그래가지고 그 선배가 나더러 우리 논 밑에 포도밭이 있으니까 포도 기술을 가르쳐 줄테니까 포도하라고 해가지고 둘이 포도농사를 했지. 하여간 뭐 시키는 대로 해가지고 농사를 잘 졌지.

어떻게 알아가지고설랑 따 놓으면 진주서도 와서 가져가고, 대전서도 와서 가져가고, 충주서도 와서 가져가고. 포도농사 지어서 참 돈 많이 했지. 그래서 애들 뒷바라지 하는 데 걱정이 없었어. 우리 막내는 서울대 졸업하고, 장학금을 그렇게 잘 타더라고. 담배도 그때 교육가서 배우고 담배농사도 잘 지어가지고 수출입조합에서 와 가지고 수납할 적에 등허리를 두들기면서 농사 잘 지었다고 하더라구. 그때는 이 촌 안에서 구르마 질이 없었어. 어깨에 멍이 들도록 담배를 지고 다녔지. 옛날에 고상을 많이 했지.

| 일상 |

70세 넘어서 복지관에 서예하러 댕겼지

이제 70대 되니께 면 소재지에 있는 게이트볼장에 나오라 그랴. 그래서 거기 운동 댕기다가 복지관이 또 생기더라구. 복지관이 생겨도 바로는 안 갔어. 근데 저 안내중학교에서 서예 선생이 와가지고 순회 교육을 한다고 해서 한 두어 번 가봤지. 가서 써 보고 하니께 좋더라고, 옥천복지관. 나도 둘이 내외 댕긴다니께. 거기 복지관에 가니께 옥천 사람들, 대학교 나온 사람들, 교육 공무원 퇴직한 사람들, 우리 또래들, 군청 퇴직한 사람들이 나와서 하더라고. 그래 뭐 이제 따라서 했지.

70세 넘어서 복지관에 서예하러 댕겼지. 내가 옥천복지관 12년 댕겼네. 75세까지 포도농사를 지었으니까 한 25년 했지. 나무가 늙어서는 안 되서 말아버렸지.

'생기복덕'을 가진 산제 위원장

그 전에 산제를 지냈는데 어머니가 정성으로 많이 지냈지. 산제단이라고 제단까지도 있었는데 다 부셨어. 인제 아부지가 제물을 들고 산제단에 가가지고 제사 지내고 했지. 동네 사람들이 같이 한 게 아니야. 제사 지내고 그 이튿날 동네 사람들 초청해서 집집마다 이름을 써 가지고 소지燒紙에 올려주고, 그기 잘 타서 올라가면 좋은 걸로 의식하구. 그래 인제 동네 사람들 다 와가지고 음식 나눠 먹고, 술 받아다가 먹고 그랬어, 동네서 생기복덕生氣福德을 봐가지고, 그 운에 닿는 사람을 위원장으로 해가지고 했어. 그런데 지금은 그게 없어졌어.

| 공간 |

• 외부

• 내부

'이장일은 농사일을 대변하는 것'

이성기 | 1967년생

3남 1녀 중 둘째로 태어났다. 서울, 인천 등지에서
생활하면서 20년 정도 일했다. 불의의 사고 후
2006년 귀향했다. 베트남 결혼이민사인 아내 금보리외
슬하 1남 1녀를 두었다. 마을 이장직을 3년째 맡고
있으며, 주로 깻잎 농사와 옥수수 농사를 하고 있다.

| 생애 |

어쩌다, 대전 유학파

저는 1년 3남 중에 아들로는 둘째에요. 그때야 애들하고 놀 일 있으믄 겨울에는 개울가에서 얼음 치구, 여름에는 개구리 잡고 그랬지유. 4형제 중에 아버님이 첫째쥬. 아버님이 대학교까지 나왔으니까 여기 있다가 나갔쥬. 그래 대전에서 건설 쪽 사업을 했었는데, 이제 여기 지키던 삼춘이 장가를 가시고, 셋째 분이 바로 사고로 돌아가셔가지고 아버님이 들어오신 거지, 여기 아무도 없으니까. 저는 거의 대전에서 생활을 했쥬. 그러니까 유학파쥬. 제가 여기로 다시 온 거는 한 12년 됐쥬.

내가 중학교 당시에 삼춘 돌아가시자마자 아버지만 들어왔었지. 어머니가 그냥 이중생활을 하셨지. 왔다갔다하면서 우리들 돌보고, 시골서 농사 짓고 그랬어요. 아버님 사업할 때 대전 가양동에 집이 있었지유. 그때 다 말아먹고 댕겨가지고 가양동에서 한 두어 번 옮기고, 도마동도 갔었지유. 아마 그때가 군대 시절일 거야. 누나가 배재대를 다녔거든요.

'안 해 본 것 없는' 서울생활

졸업하고 바로 서울 올라갔어유. 올라가서 한 2년 있다가 군대 갔지유. 거의 3년 꼬박하고 서울에서 바로 직장 생활 했었쥬. 직장 생활을 한 6년 했나유. 그때 케이지엠피라고, 생산시설이 다 바뀌는 바람에 작은 제약회사는 큰 회사로 다 흡수 됐어요. 그래서 다른 데를 또 가느니 딴 거 해보겠다고 때려 쳤거든유. 그 뒤로 이거저거 다 했어유. 청년부터 하는 거, 광고회사도 다니면서 광판, 광고 만들고, 네온사인 갈

아 껴주고. 그때 나이트 한창 반짝반짝 할 때 잖아유. 그 밧줄타고 불 나간 거 갈아주고 그렇게 했죠. 하여튼 안 해본 것 없어유. 그것 때문에 배린 거지.

팔 다리 하니까 100만원

이것저것 하다가 2002년도에, 이 나이에 정착을 해 볼라고 다시 직장에 들어갔는데 인천 프레스 공장에서 일주일 만에 사고가 난 거예요. 산재는 됐는데 근무기록이 없으니까. 그때가 최저시급이 완전 바닥 시절이었으니까 그냥 몇 푼 안 되더라구. 그래서 그냥 일시불로 탈까 하다가 연금으루 된다고 해서 그냥 한 거쥬. 그 당시에 팔 다리 하니까 돈 100정도 될거야. 2002년도니까 월드컵 시작인데 그래서 돈 100만 원은 했었쥬. 한 달에 3만 원, 4만 원씩 1년에 그것 밖에 안 나와유. 할 수 없는 거지. 어차피 기록이 없는 걸. 거기 정식 직원도 안 된 거고. 옛날에는 수습이라고 해서 3개월이 또 있었잖아. 그것도 안 뗀 거 아냐. 그러니까 그 당시에 저는 3, 4년 방콕 했어유. 그때 어머니는 오셨을 수 있구. 아버지는 그런 거 상상 안하시니까. 농사 하니까 농사일이 어른 이지.

혜택없는 4급 장애인

어디 어울릴 때도 없고 회사라고 거기 다시 나오라는데, 뭐 나가서 할 것도 없고. 젊은 사람들 일 하는데 거기 앉아서 뭐 해유. 그러니까 그게 산재라는 거는, 다시 재기하는 거는 어느 정도 약간 다친 사람들 얘기에유. 우리 같은 사람들은 안 쓰잖아. 치료는 반 년밖에 안 했어. 바로 그냥 썩어 들어가서 잘라 버렸으니까. 새까맣게 그냥 썩어 들어가더라구. 그냥 프레스로 눌러 버렸어유. 이 손가락도 없던 건데 살린 거에유. 여기서 살아 났잖아유. 여기 오려 붙여서 이렇게 된거유. 이거 하나 살아났어. 근데 또 우리 보건 정책이 잘 못 돼가지고 다섯 손가락 다 있는 사람도 신경만 나가면 3급을 받거든요. 근데 이게 4급이에요, 최저급. 신경도 없고 저기한데 절단으로 기록이 됐더라구. 이게 절단된 게 아니라 압사 된 건데 절단으로 의사가 기록을 했는가 봐유. 절단으루 하믄 이게 그냥 잘려서 없어지는 게 아니에요. 그러니까는 있어도 신경이 나간 거랑은 틀리다는 얘기에유. 요거 없으면 3급이래유. 내가 떼 가라고 했었어유, 그냥. 보건복지부 이렇게 사진 찍어서 올렸더니 복지부에서 전화가 왔어요. 이거 엄지 하나 남아 있냐고. 정신 나간 놈들 왼쪽 오른쪽 구별도 못해? 이게 엄지가 있으면 틀리거든. 엄지랑 검지만 살아 있으면 활동이 되니께. 잡는 게 되잖아유. 이건 아무것도 안 돼. 이게 인대도 여기다 늘어 붙어가지고. 6개월 지나니까 치료도 안 해주더라구. 우리나라는 3급부터 인정해 주잖아유. 자동차세라든가 뭐가 면제가 되는 것은 3급부터 잖아유. 4급은 아무것도 없잖아유.

  왜 그런가 하면 초진기록표에 찍히면 그냥 끝이에요. 못 지워요. 나중에 재판 좀 받을라고 갔더니 의무 기록이 다 없어졌더라구. 병원이 전산화되면서 그냥 다 폐기 해버렸거든. 그때 길병원 들렀다가 서울에 있는 서울성모병원으로 갔었는데 기록이 다 없어졌댜. 인천에는 못 붙인다고 그래서 서울로 온 거죠. 원래 잘 붙이는 전문의가 있었는데 그날 저 다친 날이 비번이라 이건 돌팔이가 붙여 놨거든요. 그러니까 그쪽에서 에스디에스SDS 다닌다는 사람들 팔 비틀어져 가지고 여 끊어진 사람들도 그 사람이 다 잇아 놨더라구. 팔 덜렁거리는 거는 다 잇어서 살려 놓구. 아이 그 사람이 안 걸린 거야. 그건 뭐, 하늘의 뜻이니까 할 수 없는 거구유. 그래서 기록도 없어유. 다친 기록도 없어 가지고 어디 가서 찾을 것도 없어유.

　　그러니까는 그냥 딱, 나라랑은 선 끊었어유. 여기 면사무소 복지과, 거기두 그냥 딱 끊었어유. 장애인 증명서 이거 끊으믄 기냥 장애가 없는 장애인이다, 이렇게 떠유. 근데 실질적으로 보믄 안 그렇잖아유. 지금 기록상에 4급은 장애인으로 치도 않아유. 작년까지는 장애인 증명서를 떼면은 일상생활이 불편한 장애인으로 떠유. 그런데 지금은 4급은 아예 장애인으로 안 쳐유. 그렇게 하니까 사람을 보고 판단을 해야 하는데 급수로만 매기니까 그렇게 되더라구.

세 번의 만남, 두 번의 화상통화

부모님이 여기 계시니까는 잠깐 집에 들렸었어유. 그때 일가 중에 베트남에 결혼할려고 가는데 저는 곁다리로 따라 갔었어유. 진짜 바람 쐬러 간 건데 2008년 3월인가 그때 바로 장인어른 만나고, 이게 인연이라는 게 그런 거 같에유. 가서 아버님도 만나 뵙고, 기냥 바로 오케이가 돼 가지구 결혼까지 하게 됐지유.

그때 애기 엄마는 알랑가 모르겠는데 그 통역사가 결혼하지 말라고 하더라구유. 왜 그렇냐 하면은 남부 쪽은 그렇게 잘 사는 데가 아니잖아유. 8남매로 식구도 엄청 많잖아유. 그러니까 그렇게 권하드라

고, 웬만하면 다른 사람 해보라구. 근데 그런 부분은 상관 있어유, 그러고 나 손도 이런데 애기 엄마도 또 오케이 하더라구. 베트남 쪽에는 전쟁도 많고 그러니까 이런 장애 같은 걸 크게 안 봐요. 그 쪽에 시선은 틀려유. 나도 인천 살 때는 호주머니에 손 넣구 살았어야 했어요.

　　그때 이 사람도 한국사람 얼굴 한 번 볼라고 그냥 따라 온 거였는데 어떻게 이렇게 마음에 딱 좋아하는 거예요. 이후에 난 세 번 들어갔쥬. 그 당시에는 솔직히 우리 폴더폰 시절 아니에유. 그 당시에는 연락하는 방법이 돈 주고 전화하는 것 밖에 없었어유. 인터넷으루 화상 통화두 힘들었구. 컴퓨터로 해서 화상 통화 몇 번 했었어유. 근데 옛날에 이쪽 동네에 피시방 같은 게 없었어요. 거기는 피시방이 아니라 그냥 길거리에 컴퓨터 놔두고 하는 데가 있긴 있어유. 그거 두 번 했어. 지금은 베트남이 우리보다 SNS니 페이스북이니 엄청 잘 돼 있어유. 무섭게 이런 건 전파 되는 것들이야. 그러니까 총 세 번, 만나러 들어갔고, 이제 인터뷰하러 들어가서 인터뷰하면서 결혼했어요. 2008년 3월에 만나 4월에 결혼했어요. 속전속결이지. 이름은 34세 금보라에요. 베트남 이름은 레티죽리. 베트남은 베트남 언어에요. 고게 사성조라 그렇게 쉬운 언어는 아니에유.

흙집에서의 첫 살림

　　오래전 터는 맞아요. 근데 집은 아니에유. 왜 그렇냐 하면은 옛날 거기 진흙집이었었으니까. 저 군대 있을 때 집을 개조한 거기든요. 그때 아예 농사를 안 했어요. 놈팽이지유. 여기 왔다구 기냥 농사를 바로 짓는 사람이 어딨어. 돈 안 벌었어유. 그냥 살았어. 시골에는 농산물도 있고 다 있잖아유. 지금이야 마트 좋다고 다들 밖으로 나가지만, 옛날에는 거의 자급자족 했잖아유. 고기 끊으러나 밖으로 나갔지. 2011년도 첫애를 낳고 2013년도에 둘째를 낳았는데 둘 다 안내초등학교 다녀요. 거기 알아주잖아요. 이번에도 전국에서 10위 권 안에 들었어요.

| 일상 |

이장일은 농사일 대변인

이장은 3년 했쥬. 이제 끝났어유. 3년 막바지지. 이장일은 농사 짓는 거 대변인이지유. 어차피 면에 행정으로 하는 거 대변 해주는 거쥬. 우리 농사짓는 거 흙부터 해가지고, 모내기 하는 거부터 해가지구 비료 들어가고 농자재 들어가고 할 거 아니에요. 이거 다 농민들은 개인 돈으로 사서 못해유. 그래서 나라에서 공짜로 해 준단 말이에유. 언제부터 언제까지 그게 다 있어유. 그럼 그거 전달해주구, 뭐 하실 분들 다 기록해서 제출하고. 거 빵꾸나면 난리 나요. 이게 한 해 농사 망치는 거예요. 그럼 또 전화해서 전국으루 수배를 하잖아유. 남은 물량으로 맞춰 주잖아유. 그러니까 한 해 마무리하면서 저 쌀을 팔아야 농약 값도 갚고, 이제 빚 갚고 하는 거쥬.

부르면 달려가는 '찬찬찬'

남의 집 농기계부터 다 손보네. 집에 꺼는 안 건드리고, 누가 전화만 하면 쫓아 나가니까 '찬찬찬'이에요. 불르면 달려 나가니까. 집에 꺼 안하고 한다고 많이 혼나요. 엄청 혼나지. 아버님이 한 4년 전에 한 번 쓰러지셨는데 그 파킨슨 병 지금 앓고 계신 거잖아유. 그때부터 농사는 손을 놓으신 거고. 아예 아무것도 못 하지유.

대를 잇는 옥천 옥수수 장사

7월 달에 여기 마을 내에서는 옥수수 감별 축제라고 하잖아유. 옥천에 복숭아, 포도 축제 2주 전에 여기서 옥수수 감별 축제를 하거든요. 여기 37번국도가 지금 저렇게 뚫렸잖아유. 저 현리에 그 자리가 방앗간이었어요. 그래 고 앞에서 우리가 옥수수 장사 했어. 애기 엄마 오기 전에도 아버지랑 어머님이 옥수수 장사 20년 했어요.

옥수수가 장기적으로 보관할 수 있는 식품이 아니라, 있는 대로 나가는 거라. 이거 날 뜨거우믄 다 익어 버려유. 또 파리 날리는 날두 있지. 그러니까 시간 잘못 맞춰가지고 쪄 놓고 이제 그게 남으믄 동네 파티 해야 되잖아. 지금은 아버님도 그렇구, 어머님도 그렇구 힘들다구 하면서 우리까지 이어 내려 온 건데.

7년 전부터는 애기 엄마가 맡아서 옥수수 농사를 진거야. 그때는 꽃이니 다 했었으니까, 사람 잡었쥬. 2013년부터 2018년까지 애기 엄마 혼자 다 장사했어유. 옥수수 레시피를 가르쳐 드려도 집에 가면 또 그 맛이 안나유. 새벽에 우리가 따가지고 해서 파는 거라. 농수산물 시장 이런 데는 며칠 거친 것 아니에유, 딱딱하고 막 이런 거. 이제 바깥에서 숨이 빠지니까 또 틀려유. 먹으면 틀려.

그 놈의 코로나, 밥도 안 주는 코로나

그 전에는 경로당에서 '구구팔팔'이니 해가지고 모여서 어르신들끼리 점심도 해가지고 같이 나눠도 먹고 그랬었는데, 코로나 이후로는 딱 차단 됐잖아유. 얼마 전에도 2단계 들어가가지고 월요일부터 경로당이 폐쇄돼 가지고 또 문 잠갔었는데요, 그러니까 이제 더 거리가 벌어지는 거야. 이 집 소식 알라면 그 전에는 회관에 가면 마을 누가 어디 있고 아들 자식 서로 자랑하느라고 다 아는데 지금은 얼굴을 못 보니까 약간 삭막해졌어유. 어머니도 등급 판정을 올해 2월 달에 딱 받았는데, 하이유 그 놈의 코로나. 밥도 안 주는 코로나 때문에 신청을 못했어요.

깻잎 한 박스에 만 오천 원만 받자

이 코로나 때문에 고깃집 문 닫았죠. 깻잎 가격이 안 나가잖아. 우리 2천 원까지 받아봤어. 이거 4키로 한 박스에 2천 원까지 받아봤어요. 요기에 40봉 들어가유. 저번 주에 9천 원까지 갔었어유. 그럼 40봉인데 9천 원씩 하면 얼마씩 친 거야. 우리는 비닐봉지랑 박스값 있잖아, 배달료랑. 그러니까 농민들은 이거 말고도 모든 농산물이 똑같은 거 같아유. 그러니까 우리는 못 받아도 한 박스에 만 오천 원만 받자. 그런데 코로나 때문에 그것도 우리가 마음대로 조정을 못하는 거잖아유.

깨가 병이 나면 누가 알아요?

깻잎 하우스는 올해 했구요. 노지는 작년에 처음 시작했어유. 결혼 이민자들, 웬만하면 깻잎 농사지어요. 그러니까 이제 소통을 해야 되잖아유. 깨가 병이 나면 누가 알아요? 살려야 될 거 아니야. 그러면 일찍 시작한 사람한테 물어봐야 되잖아. 나는 그런 건 잘 안 물어보는 사람이라 그냥 죽으면 마는 거니까. 나는 기냥 내가 그 쪽 신랑한테 가서 어떻게 해야 되냐 요런 건 못하니까 애기 엄마가 직접 통화 해가지고 알아와유. 약두 애기 엄마가 해. 사장님이 하는 거지. 나는 무슨 병이 나는지 잘 모르구. 근데 약은 웬만하면 잘 안치거든. 칠 수가 없지, 먹는 거라.

이제 겨울에는 잘 안 크니까 약을 쳐도 일주일 이상 지나서 따니까 상관없는데, 여름 같은 경우에는 팍팍 쳐버리니까 약을 치면 출하를 못해요. 여기 식품 검사를 하거든. 걸리면 이거 정지에요. 출하를 못해. 지금은 세상이 바뀌었잖아유. 거기서 샘플을 채취해가지구 딱 검사를 하거든유. 그래가지고 약물이 조금이라도 검출이 되면은 엑스에요. 여기 쌀농사 짓는 사람들도 친환경만 요렇게 농토가 있는 게 아니잖아유. 비친환경 농토도 많잖아. 그 사이에 껴 있을 수도 있고. 그러니까 딱 논이 요만하면 지금은 요만큼은 버려. 요렇게 해가지고 버리고, 이 안에 것만 친환경으로 내놔유. 이게 검출이 안 될 것 같은데 나와. 왜냐하면은 이 집에서 약을 하고 물을 버릴 것 아니에유. 흘러 들어가잖아유, 물이라두. 그럼 검출이 된다는거여, 이 집에서 약을 안 뿌려도. 그 정도로 지금 먹거리에 대해서는 상당히 민감하더라구.

하우스 반, 노지 반

여름에는 노지에서, 날씨 추울 때 다시 하우스 들어가요. 지금은 꽃샘추위가 3월 말에서 4월 중순까지는 와유. 그러니까 여기 노지로 심는 거는 4월 중순 이후로 심거든유. 늦으믄 5월 달에 심어유. 그럼 여름이니까 최소한 한 달에서 한 달 반 번다고 하면은 6월에서 6월 중순쯤에 출하가 시작되는 거예요. 공백이 얼마나 길어요. 10월 달 중순에서 11월 사이에 서리 오면, 11, 12, 1, 2, 3, 4, 5, 봐유. 한 겨울 땅을 놀리면서 농사를 못 짓는거야. 그러니까 6월 이제, 겨울을 가는 길목으루 하우스가 들어가는 거야. 하우스 반, 노지 반. 이래서 365일 가는 거에유.

여름에는 다섯 시 반, 겨울에서 일곱 시. 여름에는 일찍 일어나유. 낮에는 깻잎을 못 따유. 따자마자 말르거든. 새벽같이 부지런하게 지내는데, 겨울엔 해가 안 나오는데, 포장까지 다하면 밤 아홉 시 정도 되지. 그러니까 집이 쓰레기장 될 수밖에. 우리가 마지막까지 깻잎을 따고, 포장까지 해가지고 저기 안남으루 배달을 해줘야 되고. 거 까지가 딱 마무리에유.

버릴 게 없어, 저 들깻잎은

이거 온도 관리를 잘못하면 키만 커유. 그러니까 웃자라기 전에, 마디가 더 생기기 전에 이걸 따야해유. 요게 맨 윗순이지유. 요게 봉지로 가구. 요게 더 크믄 탕 쪽으로 가지유. 너무 봉지보다 커가지고 못 싸먹으니까 염소탕 요런 데로 가는 거에유. 그러니까 옆순은 반찬으로 가고, 요 윗순은 봉지로 가고, 봉지보다 더 커지믄 탕. 버릴 게 없어, 저 들깻잎은.

지금 무조건 불을 안 켜주믄 애들이 이 상태서 그냥 꽃대가 나와 부러요. 그르믄 트럭을 못 타잖아. 그러니께 지금 잠 못 재우는 게 아

니라, 이거 개화를 안 시킬라구 그러는거예요. 개화되믄 요기 이 상태서 기냥 다 자라고 끝나 버리는 거예여. 일반 깻잎은 뒤쪽도 파란색이에요. 근데 들깻잎은 일반 깻잎하고 틀려가지고 색이 아예 이렇게 나와 버려야 좋은 거예요.

글고 포장도 요게 가지런하지가 않으면 또 가격이 떨어져유. 이게 먹는 맛, 보는 맛, 저기 잖아유. 식당에 가두 처음에 보잖아유. 시각부터 본다구. 다음에 미각이지. 그래 포장도 똑같이 해유. 경매에서 물건 쫙 펴 놓잖아유. 이 사람들이 박스를 뒤집어서 엎는단 말이에유. 그래 어떻게 포장이 돼 있나, 크기, 상태 다 따지는거쥬.

이게 생물이라 그날그날 틀리잖아유

겨울에는 이제 병이 안 오잖아. 벌레들이 다 추우니까, 잠자는 상태라 기타 비용이 안 들어가요. 대신에 저녁에 안 얼어 죽일려구 물 틀잖아. 보온관리를 수막으로 하잖유. 지하수로 해가지구 온도를 유지시켜 주는 거에유. 그거 안 틀면 다 얼어 죽게유. 삼중으로 해 놨어요. 아랫녘에 사시니까 잘 모르신가 본데 윗녘은 얼어요. 여기 삼중으로 씌워논 상태잖아유. 그래두 얼어유. 밖에서부터 얼기 시작하면 안에까지 다 얼어버려. 한 동이 2백 평인데, 한 동을 기준으루 잡아서 하믄 시설비가 한 천오백 들어갈 거에유. 근데 국가에서 50프로 지어주지만 실질적으론 더 들어가유. 왜 그러냐하면 여긴 지원 안 해주는 게 있거든유. 그건 개인이 설치를 해야 되니까. 안에 철제랑 비니리만. 그 외에 저 우에 차광막이라고 씌운 거, 옆에 댄 거랑 안에 선 깔고 하는 불도 다 개인이 해야 돼요. 그러니까 저 시설 껍데기만 한 천오백 정도. 거기서 우리가 반 부담한다고 보면 돼요.

근데 이게 생물이라 그날그날 틀리잖아유. 지금은 만 칠천 원까

지 올라갔던데. 하루 만 칠천 원 받았다고 다 좋아지면 그것밖에 상쇄가 안돼쥬. 그러니까 저번 주까지는 적자를 봤다는 얘기지. 왜 그러냐 하면은 이게 3키로로 해놨었거든유. 여름에는 그렇게 전기를 쓸 일이 없으니까. 근데 한전에서 3키로 초과했다고 날라왔더라구. 초과하믄 다섯 배까지 올리거든. 전기가 농사용인데, 이제 불 키구, 물 밤새 틀어야 되니까. 낮에두 영하권이면 계속 틀어줘야 되거든유. 안 그러면 얼어버려니까.

| 공간 |

• 외부

• 내부

노령화 농촌을 리드하는
슈퍼카 육묘장

조명호 | 1960년생

방곡리에서 4형제 중 막내로 태어났다.
안내국민학교와 안내중학교를 나와
옥천공고를 졸업했다. 짧은 서울생활 동안
전방타올과 오비맥주에서 일했다. 1983년 귀향하여
농기계를 시작으로 축산업에도 종사했으며,
현재 육묘장 운영을 하고 있다.

신한나 | 1964년생

대전에서 5남 2녀 중 셋째로 태어났다.
1989년 결혼하여 남편의 축산업과 연계해
정육점과 식당을 운영하기도 했다.

| 생애 |

막내라 사 준 귀한 자전거

초등학교 다닐 때는 걸어서 3, 40분이 걸렸어요. 읍내 쪽에 초등학교가 있었고. 중학교 다닐 때만 해도 참 힘든 시기였었지. 그때 당시 거의 도보로 다녔는데 부모들이 생활이 조금 나았기 때문에 나만 자전거를 타구 다녔지. 조금 부모들 덕은 봤지. 여기서 인포리까지는 걸어서 한 4, 50분 걸리지. 당시만 해도 자전거가 귀했는데, 부모님이 자전거를 사줘서 자전거 통학을 했어요. 저한테만 사줬지. 막내라 조금 사랑을 받았지, 부모들한테. 우리가 사형제인데 내 우로 형이 세 분이 있어요. 터울이 세 살 터울이에요. 큰형님하고는 열 살 차이가 나지. 안내국민학교를 졸업하고 안내중학교 거기 나오구, 고등학교 다닐 때에는 옥천을 나갔지. 옥천에서 졸업을 했지.

4대가 함께 살던 양어장이 있는 집

　부모들이 조금 괜찮게 살았어요. 바로 집 앞에 아버님이 하셨던 양어장이 있었어요. 217-1번지. 거기가 지금은 길로 다 메꿔져 있지. 길로 다 메꾸어져서 동네 길이 다 형성이 됐어요. 우리 국민학교 다닐 때 양어장이 하나 있었어. 그때 추억이라는 게 많아요. 할아버지 할머니 이렇게 4대가 살았으니까.

　옛날에 누에고치를 집에서 뽕 먹여 길러 가지구서 번데기를 뜨거운 물에다가 넣어 가지구 물레를 돌려서 번데기를 먹던 기억이 나고. 그라고 또 명주실을 수납을 했어요. 지금 쌀 매상하듯이 그때는 누에고치를 일정한 장소에서 수매를 받아가지고 농가 소득에 좀 도움이 많이 됐지. 집에서 명주를 베틀 같은 걸로 짜기도 했는데 아버지는 외아들이시기 때문에 일은 그렇게 많이 안 하시구. 그 앞에서 양어장을 조그만하게 하셨어. 쉽게 얘기해서 농가 소득이 아니구 터가 그만큼 있으니까 그거를 파서 잉어나 붕어를 길렀었지. 그래서 집 안에서 일하시는 분들

두 내외가 밖에서 일을 하고 어머니는 조석해서 주고 그런 시간들을 꽤 오래 보냈지. 제가 1학년 때부터 5학년인가, 그때 나를 도련님이라고 했지. 그리고 그 앞에가 옹달샘이 하나 있었어. 그래서 마을 주민들이 거기 와서 물을 길러다가 조석도 해 잡숫고 그랬었어요. 지금도 매립이 안됐는데 그 땅 산 사람이 덮어놨어. 주민들이 거기서 식수 했지. 아낙네들이 다 거기서 물을 길러다가 먹었으니까.

아버지는 한량과 선비 사이

아버님은 옛날서부터 학자 스타일이에요. 선비라고 하지. 외아들로 태어나셔 가지고 일도 안하셨구. 지역사회에서 학문을 또 통탈하셨어. 그런 쪽에 봉사도 하시고, 낚시도 하시고, 시조도 읊으러 다니시고 한량 생활을 하셨지. 선비 역할이라고 하나. 그 반대로 어머니는 쌔가 빠지게 고생을 했지. 일꾼들 항아리에다가 밥을 여다가 새참도 해줘야 되고 점심도 해줘야 하고 평생 고생을 하셨어. 아버지는 조헌_{조선 중기 문신, 의병장} 선생 12대 자손이고, 제가 13대여. 외동인 아버지는 그렇게 생활을 하셨고, 어머니가 많이 힘드셨지.

비비화 운동화도 한번 신어봤지

그때는 개구쟁이로 살았지요. 그때 당시에만 해도 형님들이 많으니까. 초등학교 다닐 때에는 놀이 자체가 아주 망나니였었고, 말썽막 부리면서 다녔지. 기억나는 것은 그때만 해도 엿장수라는 게 있었어요. 그 아들이 우리 학교 동문이었어. 그래서 점심 먹고 나면은 그 친구하고 몇몇이 어울려 가지고 엿가게 하는 집에 가서 갱엿 뽀개서 같이 먹고, 산에 가서 또 뒹굴다가 학교도 제대로 안가고 놀러 다녔던 기억이 나. 몰래몰래 했지. 저희 같은 경우에는 초등학교 1학년 때 강냉이죽을 먹었어요. 이만한 스페어깡에다가 받아서 먹었지. 학교에 한 70명 정도 되는 클라스가 한 반에 있었어. 그 외에는 분대별로다가 때리는 분대장이라고 있다고, 때리는 분대장. 그래서 그걸 맡아가 강냉이죽을 타러 다녀요. 점심 때 되면은 강냉이죽을 배식하잖

아. 그러면 스페어깡에 그 죽을 가져와서 반 애들한테 나눠 주는 거거든. 그것도 오늘은 1번서부터 10번까지. 그 다음도 다음까지. 그런 죽을 4학년 때까지 먹었어요. 4학년 때까지 먹다가 뭐가 나왔냐 하면은 강냉이빵이 나왔어. 강냉이빵도 그때 당시에 많이 나오질 못했거든. 오늘은 몇 번, 내일은 몇 번, 이렇게 해서 6학년 때까지 나왔지. 그때 당시에는 도시락 자체를 못 싸간다 했잖아. 또 책보를 허리에다가 매고 다녔는데 그때 부모들이 조금 잘 살아서 나는 가방을 하고 다녔지. 남들은 검은 고무신 신고 다닐 때 나는 비비화농구화 운동화도 한번 신어봤지.

나팔바지에 파파춤 추던 바잉클럽 시절

그때 당시에는 여기가 비포장도로였어요. 지금 잠수가 됐지만은 장계리 다리가 있었고. 그때 요 37번 국도가 포장이 안 돼 있었어요. 대청댐 생기기 전이니까.

그때만 해도 여기 장계리에 수영장이 있었어요. 그때는 3년 동

안 학교 다니면서 수영하러 왔었어요. 중학교 다닐 때는 비교적 무난하게 갔던 것 같애요. 중학교 다닐 때는 안 가면 혼나니까 꾸준하게 다녔지. 고등학교는 옥천으로 갔죠. 여기서 졸업 맡고, 당시에 학교가 옥천공고하고, 보은농고. 평균적으로다가 그 학교를 많이 갔어요. 조금 성적이 좋고, 집안이 부유한 사람들은 대전상고 쪽으로 갔고. 우리는 거기에 실력이 못 미치니까. 그나마 옥천이 약했거든. 기계과하고 인문과하고 농과가 있었는데, 저는 인문과로 들어갔어요. 대학교 진학 좀 해 볼라고 옥천으로 학교를 간 거지.

고등학교 초창기 때는 버스로 다녔는데 자유스러운 생활도 몬 하고 해서 부모들한테 돈 좀 달래서 방을 얻어 가지고 자취를 했어요. 자취를 한 1년 정도 2학년 때부터 자취를 했어요. 자취를 혼자 한 게 아니고 수원에 있는 친구하고 둘이 했는데 그때는 재밌었쥬. 집에서는 쌀을 가져 왔지만은 거의 다 남지 뭐. 밥을 안 해 먹으니까. 고등학교 다닐 때 추억이야 한참 전성기 때 아니에요, 고등학교 때가. 그러니까 일진이라는둥 클럽활동 하면서 친구들끼리 모여서 놀러도 다니고, 쌈박

질도 하고. 우리 그때 당시 '바잉 클럽'이라 그랬나, 하여튼 동아리라고 그래. 한 다섯 명 됐어요. 그때 당시에는 수영장이 있으니까 여학생들하고 같이 놀기도 하고. 호수돈 여고 애들하고 미팅하고, 수영도 하고, 유원지마다 놀러 다니면서 그때 당시에는 전축 갖고 다니면서 틀어 놓고 한창 파파춤 출 때 아니에요, 나팔바지 입고. 그렇게 놀면서 학교를 다녔지.

가정교사를 두고 준비한 대학 입시

졸업 학기 1년 전부터는 다들 방향이 틀리니까 도중에 대학교 하차한 애들이 많고. 우리는 어쨌든 학교를 가야 하는데 공부가 쉽게 안 되더라고. 공부가 딱 들어와야 되는데 안 되더라고. 그 시절에는 그런 게 좀 힘들었지. 공부를 하라고 강요를 안 했지만은 내가 못한 거지. 그때는 대전에 사는 육촌 형하고 가정교사를 두어서 공부를 했지. 또 대전으로 학원 댕겼어요. 입시학원도 다니고 공부를 했는데 결국은 내 적성에 안 맞더라고 대학교 가는 게.

예비고사 대신 장계리 수영장

학원도 다녔고 교습도 받았지만 공부에 대한 자신이 없었지. 부모님이 하라고 하니까 어쩔 수 없이 한 거지. 열심히 한다고는 얘기 했지만은 나는 적성에 안 맞지. 그때는 예비고사였었어요. 예비고사 푸는 날인데 집에서야 시험을 보러 대전으로 간다고 했지. 그때 시험을 잘 보고 오겠다고 나가서 안 간거죠. 어머님 아버님은 시험을 보러 간 줄 알았겠죠. 그때 장계리 수영장에서 하루 재밌게 놀다가 저녁에 와서 시험 잘 봤냐 그러기에 잘 봤다고 했죠.

그때 예비고사가 겨울이 아니었어요, 선선할 때에요. 예비고사를 보러 못 갔지. 그냥 거기서 놀았어요, 친구들하고 같이. 내 자신이 없으니까 봐봤던들 뻔한 건데 뭐. 내가 자신을 아는 거지. 지금까지 고백을 못했지. 원망을 안 하지. 부모들은 그렇게 하라고 했는데 내가 안 했으니까. 근데 형님들은 알고 있었어요. 그때 당시만 해도 형님들 다 나가 있었고, 대학교 크게 관심 쓸 시기가 아니에요. 큰형은 부산인가 있었고, 둘째 형은 군 복무를 했었지. 셋째 형이 대구 가 있었나. 거의 대학교를 안 갔으니까 그때 당시엔 좀 생활 형편이 다들 힘든 시기라 대학교는 거의 꿈을 못 꿨어요.

첫 직장, 구로공단
고등학교 졸업 맡고 직장 생활을 했어요. 집에서 아마 1, 2년을 좀 놀았을 것 같애. 놀구 바로 서울로 상경해 직장 생활을 했지. 서울에 저희 고모부가 계세요. 처음에 간 곳이 구로공단 전방타올 들어갔어요, 타올 만드는 데. 거기서 자재 보다가 적성이 안 맞아가지고 오비맥주 들어갔어요. 거기서 자취하면서 군대 가기 전까지 다녔지. 군대는 스물 두 살 때 3월 달에 갔어요.

결혼 7년 째 되는 날 받은 경제권
사실상 그때 당시만 해도 특별한 직업이 없었단 말야. 군대 갔다 이렇게 결혼할 때는 집에서 그냥 근근이 있었죠. 모든 농사 주권은 아버지가 다 하셨고, 난 일을 좀 도와주는데, 크게 재미가 없더라구. 나한테 경제적인 도움이 돼야지. 부모들이 원체 내가 말썽을 부렸으니까 못 미더워서 경제권을 안 줬겠지.

그때만 해도 정부에서 지원하는 대단지 농기계 사업이 있었어요. 친구 보증 입회하에서 그 농기계를 제가 장만을 했어요. 그때서부터 이제 결혼두 해서 좀 지났기 때문에 살아야겠다 싶어 가지고 열심히 했죠. 그 농기계 가지고 새벽 한 다섯 시 일어나서 남들 노타리도 쳐주고 논밭갈이 한다는 얘기지. 그러다 보니까 사람이 좀 흥미를 느끼는 거에요. 바로 이거구나, 좀 살아야 겠구나. 그래서 그때서부터 농기계를 또 구입한 거지. 이양기, 트렉타, 콤바인 해서 사람을 고용해가지고 계속 농사를 지었어요. 농사를 지면서 부모들이 그 옛날 모습이 아니었던 거라. 그때부터 이제 부모들한테 신망을 줘서 전체 농사의 경제권을 나한테 주더라고. 내가 경제권을 받은 지가 결혼하고 7년째 되던 날에 받았으니까, 서른여섯인가.

그때는 기계가 없었으니까 작업을 하게 되면은 평방 미터당 작업비를 받는 거에요. 그때 당시만 해도 우리가 한 평에 30원인가 40원 받았을 거야. 그래도 하루 끝고 나가면 그때는 한 4, 50만 원씩 벌고 그랬어요. 많이 벌었지요. 처음에 기기를 들여놨기 때문에 다 충당을 못했지. 그러다가 이제 기계에 대해서 흥미를 느끼면서 이양기를 산 거지. 그 경제권 받기 전에 제일 처음에는 트럭터를 샀지. 그러고 나서 이제 신망을 얻게 됐지. 농기계 끌 때가 90년도가 됐을 건데, 이때 지도자를 봤지.

안내면 모를 다 심어준 거지

승용 이양기는 올라타서 하는 모 심는 기계예요. 이식을 소로 다 심다가 기계로 심어 놓으니까 초창기 때에는 저게 모 심은 거냐 해서 인식 좀 안 돼 있었어. 모가 요만한 걸 갖다가 심으니까. 이양기 모는 일반 손모하고 틀려요. 심어 놓으면 모가 안 보여. 그래서 다들 저 농사

실패한다고, 한 1, 2년 정도는 거의 떠보지도 않더라고. 그래서 그거를 내 논에다 심고 뿌리 내리면, 한 3년째 되니까 농가들이 난리 난 거야. 거의 정신 못 차렸지, 새벽부터 밤까지. 여기 안 내면 모를 다 심어준 거니까. 이제 또 콤바인을 사게 됐잖아요. 그거를 하다가 벼베는 기계를 샀어요. 콤바인도 그때 당시에는 여기 한 대인가 밖에 없었지. 농기계 사업을 꽤 오래했어요. 오래해서 돈을 모았지.

소가 다 바비큐 됐지

10년쯤 돈을 모았쥬. 모아서 소한테 다 올인을 했어. 소를 샀어. 그때 소값이 가장 좋을 때라 소한테 다 쏟아부었지. 소가 좋은 건 한 800만 원 정도 했으니까. 소에 대한 애착이 있어가지고 한 번 늘카볼라고 잔디를 깔었어. 그때 당시에만 해도 소 멕이는 농가는 많이 없었지. 그때 한 열세 마리를 길렀는데 동네 꼬마들이 불장난하다가 소가 다 바비큐 됐지, 다 탔지. 만삭된 소들이 다 타 죽은 거에요. 그때 여기저기 뉴스에도 나왔었지. 그래서 도산이 됐었어요. 그래 소 무덤이 요 둥구나무에다가 다 파묻은 거거든. 둥구나무 뒤. 그때 엄청 좌절을 많이 했었어요. 허무하더라고. 재산이 한순간에 다 타버렸으니까. 그때 소 길른 게 한 4, 5년 됐을 거야. 애들이 새끼까지 다 놓고 걔네들이 크구, 이제 그거를 늘카 볼라고 하다가 화재로 인해서 도산이 됐죠. 그때 농기계도 다 태워 먹고. 그때 송아지들이 있어서 자꾸 나오니까 철두철미하게 막어 놓은 거에요. 그래서 농기계를 거기다가 놓고 농기계도 다 탔지. 콤바인도 다 바싹 타고 진짜 그때 아무것도 없었어요. 조금 허무하데. 그때 당시에만 해도 장비 있는 사람들이 와서 도와주고, 면 사람들이 와서 도와주고. 소는 일단 다시 하믄 되는 거고, 집까지도 붙을 상황인데 그때 소를 포기하고 집을 건지자고 그랬거든. 그래서 불길을 이쪽으로 잡은 거에요. 땅을 치고 가슴 졸이고. 그때 그런 좌절이 있었어.
    그때 어머니가 굉장히 놀래셔가지고 기절을 해서 쓰러져 응급실로 어머니를 보냈지. 정리를 다 하고 부모님 오셨지. 그때 피해액을 한 오천만 원 잡았을걸. 그때 군수가 10만 원 봉투에다가 넣어줬다. 근데 군에서 지원해준다고 하더니 나중에 소 매매 계약서가 없어서 보상을 못 해 준데요. 축사에 불이 났는데 그게 있냐구요. 그래서 군수한테 10만 원을 받고 뒷정리 싹 하고 그랬지. 우리 큰애 초등학교 1학년 때 불났을 거야. 사실 걔 통장에서 돈 빼 갖고 소를 샀거든요. 내 소 다 타 죽었다고 그러더라구. 오래된 얘기네.

술에 쩔었던 일주일의 가출

    그리고 나서 바람 좀 쐬로 내가 나갔어. 그때 돈 50만 원인가 100만 원인가 가지고 혼자 나갔어. 그때 있던 돈 다 달라 그래서 받았지. 그때 어부동으로 해가지고 밤에 택시 타고 다녔는데 어디에도 기억이 안 나더라고. 그 어부동 쪽으로 해서 산골로 들어 가가지고 거의 일주일, 한 4일까지는 술에 쩔었어. 어부동 대청댐인가 갔다가 경북 쪽으로 왔다가, 하여튼 계속 택시 타고 다녔어. 택시 타고 어부동으로 해서 경북으루 해가지고 한바쿠 돌았어요. 거의 술에 쩔어 있었으니까 어딘지 잘 모르겠네. 하여튼 여기저기 다니면서 바람을 좀 쐤어요. 일주일 만에 전화해서 '야 애들 태우고 옥천에 나와서 외식 한번 하자' 그랬어요. 외식도 제대로 못했었거든요. 심란하더라고 한동안. 들어와서 다시 시작했지. 한참 또 뛰었지.

다시 10년을 뛰어서 만든 육묘장

이제 마음을 비우고 축사를 다시 지었지. 여기서 보이는 저 밑에서부터 논 있어요. 그때 당시에만 해도 환경청에서 제재를 안 받았으니까. 지금은 축사를 못 짓잖아. 그때 축협에 대출을 받아 가지고 축사를 지었어요. 그때 축사 지으려고 2,800만 원 받았어요. 그게 장기 처리로다가 2년 거치 5년 상환한 거여. 그래서 인제 소 지분을 또 넣었잖아. 그러고 나서 다시 또 농기계를 했어. 소는 맨 처음에는 여섯 마린가 집어 넣었지, 농기계를 해서. 그래서 소가 새끼를 낳다 보니까, 한 스물세 마린가까지 늘었어요. 한 10년 이상 걸렸잖아. 그때 그렇게 소를 먹이면서 육묘장에 연결이 됐어.

| 일상 |

코로나 일상

지금은 많이 변했죠. 정신적인 면에서 좀 답답하다고 할까. 우리가 이제 평상시에 해왔던 것을 못하고. 우리는 코로나 없을 때는 자주 나갔지. 차 끌고 일주일이나 한 보름 정도 여행 다니고 이렇게 틈새 생활하고 그런 여가적인 시간을 많이 보냈지. 여행도 다니고, 영화관도 자주 나가고. 지금은 코로나로 인해서 정신적인 어떤 스트레스를 보통 많이 받는 게 아녀요. 아무리 나간다 해도 마음 놓이지도 않고. 이제 나갔다 해도 뭔가 지켜야 되는 부분도 있구. 그런 부분들이 마음 속에 막 쌓이더라구. 모든 게 다 집에서 해결해야 되니까 그런 부분들이 제일 힘들어요. 그 농한기 때는 집에 있을 시간이 있나. 나가서 취미 생활도 하고, 또 여기저기 손자들 보러 다니고 그래야 되는데 그럴 수가 없잖아. 그런 것들이 불편하더라고.

노령화 시대의 육묘장

저는 이제 왔다갔다 하고 식구는 아파트에서 생활을 했지. 아파트 생활하면서 육묘장 할 때는 잠깐 여기서 밥을 해주고, 일을 돌봐주고. 4월 중순부터 5월 말까지는 와서 해주고 가게를 쉬고 그렇게 하고 또 특별나게 또 일이 있으면 중간에 와서 밥을 해주고 나가고 그렇게 했죠. 고생했지. 저기 육묘장을 시작하면서, 거기 한 1,200평 가까이 되는데, 하우스 시설하고, 경화실, 발아실에서 모를 키우면서 시작된 거지. 처음에는 좀 애로사항이 많았었죠. 사실 육묘장은 거하게 지어놓고 이용하는 농가들이 많아야 되잖아. 그 인식이 잘 안 돼 있으니까. 손모는 이렇게 크구 육묘장 모는 작단 말이야. 초창기에는 인식이 안 돼 있어서 인원 확보를 못했지. 초기에는 생산율이 지금처럼 많지가 않았었거든. 이만 장, 삼만 장 하다가. 지금에야 노령화 시대로 확보가 돼 있잖아, 농가들이 모를 못 키우니까 육묘장 모를 맞추는 거야 다. 전체적으로 다 확보가 돼 있으니까, 육묘장 운영하는 데는 문제가 없어요. 지금은 안내, 보은, 원남, 옥천, 또 금산까지도 가요.

신한나

| 생애 |

대전 '아가페'에서 만난 인연

그때 당시만 해도 시골서 예식을 구식으로 했었어요. 그래서 여기는 신랑 친구들, 우리는 신부 친구들 모여서 이렇게 상차림을 해줘요. 그렇게 모여서 서로가 눈이 맞아서 만나기 시작했지. 처음에는 신부 친구들이 서로들 봐보면은 자기 맞는 스타일이 있잖아요. 그래서 만나자 해서 계속 만나기 시작했지. 바람둥이처럼 생겨 가지고 쭉 신청을 피했었어. 스물여섯 살 때 만났는데, 군대 제대한 지 7개월 됐다고 그랬어요. 대전 아가페에서 자주 만났어요. 연애를 오래 했죠.

'카렌다 풍경'처럼 동경했던 시골살림

우리 애기 아빠는 스물아홉 살 때 저는 스물다섯 살에 옥천서 결혼식을 했어요. 대원예식장이라고. 첫 살림은 저 점방 저기 헐은 데 거기가 신혼방이었어요. 그래서 그거를 헐지를 못하고, 그냥 기둥만 냄겨놓고 이렇게 원두막을 만들었어요, 옛 추억이 있던 집이라. 시집와서 고생 많이 했죠. 그때 당시만 해도 아궁이에다가 불을 땠었어요. 3년간 불 때서 밥 했어. 할아버지 할머니 4대가 같이 살았어요. 처음에 애기가 할머니 할아버지들이랑 같이 살 수 있냐고 물어봤는데, 저는 그런 추억이 없어서 너무 좋다고 그랬어요. 그러고 시골 사는 게 진짜 카렌다에 무슨 풍경마냥 너무 좋았어요. 저는 고향이 대전이고, 원래 도시

생활을 해서 시골 생활을 몰랐지. 이사하러 온 날, 할아버지 할머니가 저를 보고 그렇게 맘에 들어 하셨다고 하더라고. 저는 5남 2녀 중에 큰 딸이에요. 우리 오빠 둘 있구. 그래서 결혼하기 전에 부엌을 입식으로 고쳐달라 희망사항을 얘기 했는데 그게 실행이 안됐어요, 3년간. 그래서 불을 때서 밥을 했는데, 그때 시할아버지께서 손주 며느리 손에 가시 찔린다고 그거를 낫으로 다 제거 해주셨어요. 힘든 시절이었지만 할머니 할아버지 사랑을 너무 많이 받았죠.

한칸 한칸 늘려 간 가게들

　불나고 이런 상황을 겪고 보니 이 시골이 싫어진 거에요. 그래서 애들 데리고 나갔어요. 나가 있다 보니까 할 게 없잖아. 저는 이제 왔다갔다 하면서 농사짓고 소를 멕이고. 그러다가 농사를 지면서 경제권을 부여받고, 또 농기계도 하다 보니까 돈이 조금 생기더라고 그래서 이제 그 앞에 상가를 매입했어요. 처음에는 애기 아빠가 아파트 상가에 세를 들어갔어요. 소를 키우고 하니까 정육점을 세를 얻어서 하다가 옆에 또 가게가 비었길래 식당을 같이 한 17년 했어요. 그때 저는 출퇴근하고 애기 아빠는 농사를 짓고, 저는 거기서 혼자 왔다갔다 했어요. 그러고 육묘장 할 시기에는 제가 식당 문을 닫고 와서 전적으로 매달려서 해주고. 나중에 사람을 두고 했더니 자기 월급도 못 받아 가는 거에요. 그래서 내가 차라리 문 닫자 내 가게니까. 그때만 해도 고생해서 한 칸 한 칸, 이렇게 가게를 산 거 거든요. 그때 정육을 했던 자리를 사니까 소가 연계가 되잖아. 돼지 사다가 도축장에 갖다 집어 넣어주고 그렇게 축산업을 하다보니까 내가 힘들더라구. 그래서 7년 전에 정부 지원사업이 있었어. 소를 안 멕이는 대신에 한 마리에 한 180만 원씩 지원을 해준다고. 소를 다 살처분을 하고 그때 축사를 비워 놓은 거지. 폐농신청을 하게 된거지. 지금 내가 가만히 생각해 보니까 우리 열심히 살았네. 정말 열심히 살았어요, 진짜. 아마도 공부를 했다면 그렇게 열심히 살지는 못했을 것 같아요.

| 일상 |

우리 노하우는 모를 쨍쨍하게 키운다는 것

원래는 육묘장은 어린 모를 생산하는 곳이에요. 애기 아빠 노하우는 1차 경화를 시켜서 논에다가, 이렇게 바닥에다가 바닥갈이를 해요. 그거를 이제 성묘를 시켜요. 모를 쨍쨍하게 키운단 얘기지. 모를 좋은 상태로다가 목화를 한다는 얘기야. 근데 다른 육묘장에서는 목화를 시키고 그냥 출하를 해. 모를 튼실하게 키우지 않구. 이제 그런 부분들이 노하우지. 그러니까 모를 튼실하게 키운다는 얘기죠. 어린 모하면 18일 만에 키워나가는데, 저희들은 20일에서 25일 정도 경화를 시킨 다음에 내보내요. 그러니까 모가 튼실하고 좋으니까 주문이 많아. 모가 이제 세 가지여. 어린 모, 치묘, 성묘. 우린 성묘로 다 출하를 시킨다는 얘기야, 날짜를 채워서. 이게 먼데서도 온다는 얘기죠. 육묘장이 각 지역마다 다 있어요. 다 있는데도 불구하고 주문이 들어와요. 문제는 뭐냐 하면은 면적이 커야 하고 인건비가 더 들어가야 되고. 손 한 번 갈 거를 세 번을 가니까, 그래서 다들 어린 모로다가 출하를 하지. 면적 대비 인건비, 그런 문제점이 있어요. 이제 14년 정도 됐는데 이제는 육묘장만 운영을 하고 있어요.

농한기 때는 함께 즐겨요

지금은 복지관, 여성회관에서 평생학습을 하고, 미술도 하고, 닥종이 수업도 했어요. 예전에 피아노를 좀 쳤었거든요. 나는 드럼 치고, 오르겐 치고 배우는 단계에요. 저도 학원을 한 6개월 다녔구요. 애기 아빠도 학원에서 기초 좀 배우고. 이제 코로나 때문에 가지를 못했어요. 잘 칠 필요 없어요. 그냥 스트레스 푸는 거지. 같이 즐기고 있어요. 이제 농한기 때는 같이 즐겨요. 취미 생활도 같이 해야 되잖아요. 거의 육묘장 끝나면은 고생을 많이 했기 때문에 같이 시간을 많이 보내야지. 그래서 농한기에는 같이 여행을 다니고 그래요. 우리 연간 수입이 그냥 한 7, 8천 돼요. 근데 지출이 또 많지요. 농토 구입하느라고 대출 받은 것도 있고. 토지 구입을 주로 많이 했어요. 거의 4, 5년 동안은 토지 구입에서 40프로 했고, 나머지는 이것저것 사는 거죠. 보험이 한 달에 몇 백 들어가니까, 지출이 의외로 벌리면 많이 나가데요. 통장에 있을 시간이 어딨어. 갖다 써야지. 그렇잖아요.

풀 뽑을 힘이 없으면 나가 살재요

처음에 시집와서는 제가 생각했던 시골이 아니더라고요. 아이들 클 때도 농촌 생활이 굉장히 많이 힘들었어요. 수입이 매월 똑같지가 않잖아요. 그러니까 그런 거에 대해서 많이 힘들었는데 그 역경을 극복하고 둘이서 이만큼 일궈 놓으니까 지금은 이 시골이 좋은 거에요. 마음이 편안하고 하니까. 그게 불과 몇 년 안 됐지. 이제 사는 것 같이 사는 것은 4, 5년 됐어요. 경제적인 여유가 아니고 마음적인 여유를 가진 것은 몇 년 안 됐어요. 저는 이런 취미가 있었어요. 분재라든가 조경일을 좀 해봤기 때문에 경관을 좀 가꿔야겠다는 생각을 깊이 했고, 그래서 소나무라든가 정원을 이렇게 가꿔가면서 그게 일부의 낙이 됐어

요. 또 이렇게 뭐라도 갖다 심어 놓으면 기분이 좋고 건강에도 도움이 많이 되더라고. 지금도 그게 계속 유효한 거지. 언제까지인지는 모르겠지만 내가 볼 때는 계속 할 것 같아요. 왜냐하면은 육묘장 이외에는 일이 없으니까. 이제 조금 더 나이 먹고, 또 지팡이 짚을 정도 되면은 나가야죠. 풀 뽑을 힘이 없으면은 저 원룸 얻어서 나가 살재요.

저 같은 경우에는 병원 가까운 데, 수퍼 가까운 데 나가서 사는 게 좋지 않겠냐 라는 생각을 갖고 있어요. 진짜 나이가 팔십이 넘으면 풀 뽑기도 힘든데 여기서 살겠어요. 관리를 못해. 우리가 나이 먹고 아플 때면 애들 불러야 되고 그렇잖아요. 병원 가까운 데 살아야지. 이제 조금 역순으로다가 귀농을 하는 게 아니라 다시 나가야 되는 거지.

| 공간 |

• 외부

• 내부

• 육묘장

첫 살림집에서 일군
'방골양봉장'

태이봉 | 1954년생

방곡리에서 2남 4녀 중 여섯째로 태어났다.
1980년 결혼하였으며, 안내면사무소에서
40년 공무원 정년을 맞았다. 퇴직을 앞두고
2년제 양봉대학에서 익힌 양봉기술로
현재까지 양봉업에 종사하고 있다.

| 생애 |

마흔아홉에 낳아도, 쉰둥이

저 봉장 있는데는 216-2번지. 양봉장에서 태어났지요. 안내면 정방1길 41. 우리 식구는 6남매여. 2남 4녀 중 막내. 형제 쪽으로는 넷째. 바로 우에 형하고 열한 살 정도 차이가 나요. 우리 큰누나하고는 스무 살. 저는 그때 말하면 쉰둥이지. 50에 낳았다고 쉰둥인디 49에 낳아도 쉰둥이라고 허드라구요. 그래 귀여움 받았어요. 옛날부터 우린 농사졌지요. 소작도 좀 하고 우리 것도 좀 부치고 한 마디로 어려웠지요. 초등학교, 중학교도 여기서 나오고 고등학교는 옥천으로 갔는데 통학도 하다가 큰 집에 가서도 몇 개월 있다가 또 자취도 하다가 그랬어요.

옛날에 이 마을은 전부 다 초가집이었고, 경운기 같은 건 꿈도 못 꾸고, 지게로 지다가 고 다음 리어카가 나와 갖고 좀 사용하다가 인제 경운기가 나온 거죠.

키가 작아 1, 2, 3번

옛날 국민학교 1학년 땐가 2학년 때 박 대통령 시절에 혁명 공약 그거를 반장이 앞에 가서 선창을 허면 저들이 또 재창을 허고 그랬어요. 안내국민학교 42회고 안내중학교는 15회예요. 지금도 작지만 초등학교 때나 중학교 때나 고등학교 때는 더 왜소했어요. 그때 번호를 키 순서로 하잖아요. 2번 할 때도 있고, 3번 할 때도 있고, 어떨 때는 1번 하던 때도 있었어요. 그래도 학교 폭력을 당한다거나 그런 건 없었죠.

지금 우리 계하는 사람이 열세 명인데, 한 살 더 적은 사람도 같이 하는데 불알 친구들, 동네에서 같이 큰 사람들이 열세 명이야. 지금 지들 친구는 여자들만 좀 있고요. 지금은 다 나가고 이 동네는 저 혼자 있죠. 하나도 없어요.

교대를 가고 싶었던 옥천공고 3학년

옥천은 그때만 해도 옥천고등학교가 없었고, 실업고에 기계과, 농과, 잠업과, 상과 네 개가 있었어. 그래서 실업고등학교라고 그랬어. 우리가 두 번째 긴데 기계과 나오면 다 취직시켜 준다고 해서 기계과를 갔지요. 갔는데 취직을 하나도 못 했어요, 자격증이 없었으니까, 실업고등학교에 잘해봤자.

열심히 허면 1등 할 때 있고 잘못허면은 2등도 허고 3등도 허고, 3학년 때는 예비고사를 합격하면 교대 같은데 갈라고 하는데, 거길 해볼라면 실업계라도 예비고사를 보는 사람만 해갖고서 공부하는 게 있어. 나눠서 공부허고 영어, 수학 중심으로 하는데, 지가 간다 간다 할 때 아버지가 돌아가셔 갖고 포기했지. 고등학교 3학년 때 아버지가 돌아가셔 갖고 대학교를 넣는 거를 포기하고 졸업장만 가진 거죠. 그때만 해도 수명이 짧았잖아. 제가 막내로 태어나다 보니께 아버지 돌아가신

게 68세. 그 옛날에는 살 만치 사신 거요. 그래 돌아가시니께 계획했던 게 수포로 돌아가니께. 지들 클 때 40살만 넘으면은 중노인이라 했었어요. 지금이야 70 넘어도 뭐 잘하잖아요.

목사님 소개로 간 젖소 농장, 3일

졸업해봐야 마땅히 갈 데가 없드라구요. 그때 학교 댕길 때는 담임선생님이 너만은 취직을 시켜준다 허고 그렇게 얘길 했는데 졸업하니께 어디 갈 때도 마땅치 않게 그냥 백수드라고. 그래서 요기 밑에 목사님이 소개 시켜줘서 젖소 키우는 농장에 갔는데, 난 카우보이 마냥 하는 줄 알았더니 아니더라구. 소똥 치우고 또 소젖 짤 때 젖 닦아주고. 덩치가 크기 때문에 소가 궁뎅이를 한 번 탁 치면 저 짝에 처박혀요. 아, 이건 아니다 해갖고서 3일 하다 다시 왔어.

첫 근무지는 안내면사무소

그때는 동네에서 신문 보는 것도 없었어요. 신문도 없고 지도자나 이장들 집에 가야 '충청일보'라는 것이 있드라고. 그 신문에 시간 공무원 뽑는다고 신문에 났드라고. 그래 그걸 보고서 엄한 짓 한 거죠. 근데 그때만 해도 다 학원을 가야 되는데 돈이 없으니께 학원도 못 가고, 지금 말하면은 9급이지. 그때 당시에 5급 을류 공무원이라고 했었어. 그래서 옥천군은 행정직 20명, 농업직 15명을 뽑는데 그냥 농업직은 깡통이고 행정직은 그래도 영어, 수학, 일반 사회, 국사 하여튼 한 다섯 과목 시험을 했었어요. 그게 더 쉬운 것 같더라고. 그래가 국가직을 봤는데요, 요 시골로 기계과 나와갖고 국가직 응시를 못허더라고. 거기 떨어졌어요. 영어를 못 따라 잡겄어. 몇 개월 지나니께 지방 공무원 거

시기해 갖고서 충청북도 응시하는 것이요. 내 거기 합격해 갖고서 좀 댕기다가 인자 군대를 간 거지요. 발령받고 몇 개월 근무하다가 갔어. 충청북도 5급 지방직, 지금 9급을 행정직. 첫 근무지는 안내면사무소에요. 4, 5개월 했나. 그래 영장 나와서 군대를 갔지요. 그때가 75년도, 33개월 했어요.

첫 살림은 216-2번지 방골 양봉장

우린 중매로다 만났지요. 제가 스물일곱에 만나갖고 스물여덟에 결혼했나. 저보다 실제로 네 살이 적으니께. 스물네 살 안복순이여. 57년 6월 14일생인데, 거기 고향은 보은이에요. 첫 살림은 거기 양봉장 있는 거기서 살다가 고 아래채에서 살다가 저 현리 2길이라는 데가 있어요. 그때 8,000원 주고 셋방 살았지.

우리는 연년생인데 82년생은 딸이고, 81년생은 아들이에요. 딸래미는 시집가고 아들래미는 청주에 있어. 거기 216-2번지에서 초등학교 쪼끔 댕겼었고, 요기 205-1번지에서 옥천고등학교, 대학교는 따로 째져서 댕겼네.

공무원하면서 다닌 2년제 양봉대학

요 회관 뒤에 가면은 205-1번지인가, 시꺼먼 판넬 기와로 다 된 집이 있어요. 고기 있을 때 퇴직을 한 거지. 그 집은 인자 집을 사 갖고서 뜯구서 내가 다시 집을 지었었지. 제가 91년도에 6급을 달았거든요. 6급에서 5급을 못 한거지. 그때 거기 있을 때 쌀농사 조금 지고, 농업기술센터에 양봉대학을 개설해서 근무 끝나고서 일주일에 두 시간씩 다 녔어요. 안내면에 발령 나서 계장님이라고 거기 댕길 때 그때 대학을

졸업했지요. 양봉대학 2년짜린데 그 학장이 옥천 군수에요. 그전에도 양봉을 취미루다 몇 통씩 했었지요. 퇴직하고서 양봉을 부업이다시피 한 거죠. 쌀농사 조금씩 한 700평 짓고.

| 일상 |

퇴직 후, 본격적인 양봉

제가 퇴직하고서 그냥 포도청이라고 먹고 살아야 되잖아요. 연금 나오는 거 해봐야 생활하기도 어렵고 조금 수입이라도 올려보고 싶어서 양봉을 좀 늘린 거지. 군 수로 하는데 저 같은 경우에는 지금은 군 수가 얼마 안 돼요. 지금 한 60군이야. 많을 때는 120군까지 했었거든. 우린 이동이 아닌 고정이야. 고정이면 편하죠. 이동양봉을 보면 대견하지만 대부분 배우는 대로도 허고 요새 컴퓨터로 '꿀벌 사랑 동호회'라고 동호회가 있어요. 거기 들어가서 읽어보고 다른 사람들 하는 것 배우고 그래서 그냥 대강 따라 하는 거죠. 작년에는 얼매 못했어요, 1,300만 원 정도. 많이 할 때는 3,000에서 3,500만 원. 고정 양봉이라 그렇게 작년에는 꿀이 안 들어왔어요. 군 수도 줄고 그러니까 이게 작으면 1,300만 원 많을 땐 3,500만 원 정도 수입이 있는데 이게 순수익이 아니라 매출액이에요.

퇴직하고 본격적으로 했는데 그전에 지금 양봉장보다 장소가 적어갖고서 40군, 30군 허다가 120군으로 늘렸어요. 7, 8년쯤 되는데 이제 이 마을에서 저밖에 없어요.

옥천 '향수벌꿀'

잘 키워야 꿀을 많이 뜨는 거지. 이게 벌을 키울 때 아카시아 꿀이 개화를 했을 때 꿀이 분비가 될 때 일꾼이 많아야지 꿀이 많이 들어온다. 우리 벌은 내역봉과 외역봉. 내역봉은 통 안에서 살림을 하는 벌, 가정 살림을 하는 벌이고, 외역봉은 밖에 나와서 꿀을 따오는 일을 하고 그렇게 바깥에 나가서 꿀을 따오는 벌에 숫자가 많아야제 꿀이 많이 들어오고 그렇지. 바깥일을 하는 벌이 많아야 꿀이 많이 들어오는 거죠. 그러니께 아카시아 때 외역봉을 많이 양산하기 위해서 지금부터 키우는 거 아니여. 우리나라 화분은 비싸니께 중국 사람 화분을 써갖고 설탕에다 개갖고서 먹이로 주는 거지. 지금 애벌레들이 먹는 것이 꿀하고 화분을 섞어서 먹거든요. 그러면은 지금 꽃이 안 폈응께 화분을 채취할 수 없잖아. 그래서 인공으로다가 넣어주는 거제, 떡 같이 이렇게. 그거 1월 달에 만들어요. 지금 다 들어가 있죠. 거의 나 혼자 해요. 우리

식구는 꿀 뗄 때, 꿀 뗄 때는 혼자 못 떼요.

옵션으로 옥천 벌꿀은 '향수벌꿀'로 해서 파는데 이렇게 옥천군 지부라고 모임이 있어요. 거기서 공동으로 제작한 게 '향수벌꿀'이고, 저는 자체적으로 양봉장을 맨드는 것이 '방골 양봉장' 왜냐하면 이 동네가 방골이거든요.

'부모 모시는 일은 당연한 일'

우리 어머니 모시고 있는데 식구가 돌보미 신청 안하고 직접 해요. 불편하니께 밥도 믹여드리야 해요. 그러니까 식구한테 고마운 거죠. 요새 다 요양원에 보내는데, 한다고 하니까 고맙죠. 여기 옥천 향수 신문이라는 것이 있어요. 우리 모친이 옥천면에서 최고 연세가 많다고 인터뷰를 헌다고, 근디 말을 할 줄 모르잖아 그러니께 거절했지. 그라고 효도상 준다고 그라는데 부모 모시는 거 당연한 거지 그러는데 찬양을 하더라고. 아들 있고 내 부모 내가 모시는데 뭐 상이여 그까짓 게. 그렇게 됐죠. 이제 한 10년 됐죠. 여기 올 때까지 의자 같은 데서 앉았었는데, 지금 100세 시대니께 그렇게 알면 돼요.

코로나 일상

요새 겨울이라 아침에 실컷 자요. 아침에 7시에 눈 떠서 스트레칭 운동 좀 하고, 아침 먹고 양봉장에 갔다가 양봉장 가서 어른들한테 인사를 드려야 되잖아. 인사를 드리고 와서 요기 숲에 보다 보면 조그만 당이 있어요. 거기 지금 모이는 사람이 있어요. 잡담하다가 거기서 밥 먹게 되면 먹고, 먹기 싫으면 집에 와서 먹고. 저녁때 일거리 있으면 하고, 없으면 운동 좀 하고 그러고 저녁 먹고 자는 거지.

저기 바다네 슈퍼. 지금은 모임 자체가 없응께 회관도 못 가고 갈 데는 없고, 요기는 막질 않으니께 가불제. 예전에는 마을회관에 자주 갔죠. 저도 인제 노인이니께 경로당 갈 자격이 있는 거잖아요.

| 공간 |

• 외부

• 내부

• 양봉장

'우리 둘은 전문 농사꾼이여'

최영숙 | 1955년생

방곡리에서 3남 4녀 중 첫째로 태어났다.
1975년 결혼하여 슬하 2남을 두었다.
20년 동안 벼농사, 담배 농사와 옥수수 농사를
지으면서 10년 넘게 방앗간도 운영했다.
현재 운영 중인 '바다네 가든'은 방곡리 주민들의
사랑방으로 널리 이용되고 있다.

| 생애 |

오래 살라고 지은 이름 '바다'

나는 최바다예요, 고향 식구들이 원래 불르는 이름이 최바다. 애기 때부터 불르던 이름이에요. 내 우로 언니 오빠가 한꺼번에 세상을 떴디야. 그래서 인자 바닷물은 천년만년 가가 가물지를 않잖아. 안 잦아불잖아. 그렇게 명이 지르라고 바다라고 지었디야, 고모가. 그런데 이름이 한문 '바'자가 내게 없대요. 그래서 '보다'라고 지었는데 이름이 안 돼. 그래서 최, 영, 숙 다시 고쳤어. 출생 신고가 아니라 학교 다닐 때 곤쳤어. 그 옛날에는 호적계에서 돈만 쪼금 주면 고쳐 줬어. 7남매 중에 맏이여. 아들 셋, 딸 넷.

맏이라 학교도 많이 못갔던 시절

옛날에는 방골이라고 했지. 그때 농사 졌지. 우리 아부지 어머니는 시골에서 농사를 지면서 가게를 조마나게 했어. 나 어렸을 때는 그냥 바다네 가게, 이렇게 했지. 그때야 어린 시절이라 다들 촌에서 못 먹고 살았잖아. 여기 초등학교가 천 몇백 명이 있었는데 걸어 다녔지. 옛날에는 그랬어. 비 맞구 다니고, 눈 맞구 다니고. 책가방 걸러 미구 뛰어 다니구. 뭐 이런 길이 어디 이렇게 있어요. 자갈밭이지, 길이라곤 순 자갈이었었어. 맏이라 못 먹고 살으니까 학교두 못 가게 하고 학교도 많이 빠지구, 수퍼하니까 누군가 사러 오면 쫓아가서 팔고, 동생들이 어리니까 애기들 좀 업어주구. 집에서 못 가게 해서 학교에 많이 못 갔어. 하여튼 동생들이 학교가 가짭으니까 학교두 따라오구. 어려서는 너무 고생해 갖고. 빨래 같은 것두 다 또랑에서 했지.

아래 우에서 연애 걸었지

나는 요 길가에서 살고 그이는 저 안에서 살구, 내가 216-2번지에서 살았어. 아저씨 만나서 내가 일찍 살았어. 지금은 여기 있던 우리 아저씨 집이 부셔졌어. 길이 났어. 스무 살 때 그때 같이 마을에서 우린 아래 우에서 연애 걸었지. 어뜩혀, 그 집은 그 집대로 오빠는 농사짓고 그렇게 했어. 시집왔을 때 시동생, 시모 다 도회지 나가서 돈 벌어서 사니까. 그이는 5남매 중에 넷째여. 내가 시집와서 요서 농사졌어. 시골에 긑은데는 공장이 있어 뭐가 있어. 그냥 소 한두 마리 멕이고 논농사 짓구 그렇게 해서 살았쥬. 시댁에 한 2년 있었나. 우리는 담배 농사했지. 그라고 둘이 따로 살러 요 동네 방곡에 나갔지. 지금은 다 뿌서지고 없지.

담배농사 20년, 방앗간 14년

우리 애기는 남자만 둘이여. 72년생 하나, 74년생 하나. 우리 아들애는 초중은 여기서 나오구, 하나는 포항 공고로 가고, 하나는 진해 공군기술학교. 큰 애기는 포항공고 나와서 군인 갔다 와서 광양 제철소로 들어갔어. 지금은 팀장이랴. 둘째는 공군기술학교 나와서 군인이었는데 지금은 아니야. 저기 대전 시내버스 햐. 군인 나왔어. 10년 넘게 근무하다가 나왔어. 지금은 대전에 있어.

우리 둘이 담배 농사 짓다가 떡방앗간을 했어. 지금 요 자리, 요 건너 부동산 있거든. 거기 옆에서 하다가 또 남에 거 얻어가지고 현리 시장에 가서 또 하구. 오래 했어. 돈을 좀 벌구 그래가지구 이 땅을 샀어. 집 지을 여기 있는 땅을 산거지. 둘이 담배 농사를 한 20년 했어유. 또 방앗간도 14년인가, 인생을 거기에 다 종사했지. 그렇게 하구 여기 와서 터 사서 집을 지은거지.

옥시기는 벼농사보다 많이 나오지

저기 농촌진흥공사라고 알지유. 거기서 옛날에 땅 사라고 돈을 많이 줬잖아. 전원농을 맨들어 가지구 3,000평 이상은 땅을 사라고 돈을 많이 융자를 해줬잖아, 이자를 싸게. 그래서 우리가 둘이 땅을 한 20,000평 샀었어. 그래서 그걸로 우리 아저씨가 많이 짓고, 나는 방앗간도 하고 이렇게 해가지고 이 터를 사구 집두 지었어요. 여기 안내면에서는 우리만치 짓는 사람 없어. 그때에는 20,000평도 넘었지. 그때는 농삿거리가 많으니까 기계도 다 사가지구 했지. 내가 옥수수 장사한 지가 한 20년 다 돼 갈 거에유. 그 땅에서 옥수수 농사를 져서 여기서 팔았서. 요기 천막 있잖아, 우리가 파는 자리에 지금두 해유. 근데 이제 많이 줄였지. 땅을 많이 없앴어. 또 처음에는 여기서 식당도 했지. 우리 아저씨랑 옥수수는 계속 짓고, 그라고 이 집은 식당 하다가 이미 뜯었지. 이거 두 번 지은 거여. 한 마디루 저 하천 정리하느라구 뜯겼어. 그래서 이거 다시 지은 거여. 이거 우리 아저씨 환갑 때 지었으니까 12년 됐네. 식당 하다가 너무 힘들어서 그냥 그걸루 놓구, 옥시기로 돌아갔지. 누가 해보라고 했어요. 벼농사보다 옥시기는 많이 나오지.

벼농사는 먹고 살게 밖에 안되구, 그걸루 해서 돈을 벌었어유. 옥수수 해서 팔아 가지구 여름에 7월달서부터 10월달까지 파는거여. 그때그때 따다 파는 겨. 옥수수를 조만큼씩, 조만큼씩, 조만큼씩 이렇게 많이 계속 심지. 그래가지구 따다 팔어. 저 이가 따오고 나는 팔어. 다 사람 놉을 둬 가지고 하는 거지. 처음에는 2천만 원 하다 또 고 이듬해는 좀 더 하데. 3천만 원 더하다, 한창 할 때는 12,000 평까지 했어유. 그러면 해마다 한 7~8,000만 원, 1억씩 그렇게 했어요. 내가 요기서 그냥 팔어. 사람들이 사러 와. 그때는 무슨 시장 같어. 소문이 그렇게 빨라. 해마다 사람이 많이 늘어. 그래가지구 단골이 꽉 잡혔어. 그때는 택배루 많이 가지. 옥천군 안내면이 옥수수, 감자가 특화 작물이여. 우리는 개인이 소비하는 거야. 뭐 어디로 바치는 것두 아니구 차로 싣고 가는 것두 아니고 그냥 여기서 다 팔았어. 근데 인제 길이 절루 나서 많이 안돼. 그래서 많이 줄였어.

사과 궤짝으로 차린 첫 살림
옛날에 사과 궤짝이 있어 그걸루 놓구 그냥 살았어. 그거 밖에 없어. 쌀이 닷 말, 보리쌀 서 말. 그렇게 가지고 나갔어. 암것두 없었어. 그런데다가 밥그릇 두 개, 밥그릇 저이 밥 퍼먹는 거, 나 먹는 거 두 개. 바케스 하나, 솥단지 조마난 거 하나 그렇게 가지고 나갔어. 그건 안 잊어버리지. 집두 안 사줘서 우리 둘이 그냥 얻어가 나갔지. 남의 집, 옛날에 사글세가 어딨어. 그냥 공짜로 줘서 가서 살았지. 그래서 그 집 농사 짓다가 이렇게 자꾸자꾸 일어난 거지. 자꾸자꾸 열심히 둘이 하니께 그렇게 되데유. 어뜨케 해서 벌었나 나두 몰르겄어. 이 재산을 어뜨케 이렇게 많이 벌었나 나두 몰라. 우리 둘이 그렇게 고생을 했어.

둘은 전문 농사꾼이여
우리 아저씨가 그때 2만평 농사지었다니까. 근데 이제 너무 많으니까 좀 팔구, 또 좀 좋은 거 사구 이러다 보면 나쁜 거는 없어지구 좋은 땅만 생기구. 그래 줄이구 줄이구 해서 또 여즉까지 옥시기 팔면서 땅두 많이 팔았어요, 애들 주느라고. 처음에는 돈을 쪼금씩 주고 사니까 못난이, 말하자면 저 어디 다랭이 같은 거, 어디 좀 안 이쁜 것 있잖아. 좀 싸면은 땅이 안 좋아유. 그런 거 사서 농사 짓다가 팔어서 좀 더 크구 좋은 땅, 그런 걸루 바꿔치기 하구. 이렇게 해서 반듯반듯하게 국가에서 농지 정리를 싹 해줬어. 우리는 둘이 다 전문 농사꾼이여.

| 일상 |

'두드려 갈고' 시작하는 농사준비

우리는 바뻐. 3월서부터 일해야되거든. 그러면은 11월달까지는 딱 농사일이 마무리가 되잖아. 12월까지 김장하기 전까지는 다들 일해요. 3월달에 옥수수를 심을 준비를 막 하잖아. 우리 아빠가 트랙터로 두들고 갈구 두드려서 놉을 한20일 넘으믄 얻어요. 1,700평 심는데 고거시 제일 먼저 심는 거여. 전체는 지금에는 5천 평, 두 번 지어요, 고거 이모작 햐. 그렇게 한 만 평 한다고 봐야지. 고거 먼저 심구, 또 고 다음에 천 평 심구, 또 고 다음에 천 평 심구. 자꾸 요롷게. 한꺼번에 다 심으면 다 익어 제껴 가지구 못 팔어. 그러니께 여기서 팔 수 있는 그거를 조정을 하는 거지, 팔수 있는 만치만. 그래서 이제 그걸 맞춰서 요롷게 요롷게 심는 거지. 이게 첫 번에는 1,700평 심구, 고 다음에는 천 평씩 요롷게 요롷게 나눠서. 옛날부터 그렇게 했어유.

옛날에는 일찍 심는 걸 두 번. 또 늦게 심는 거는 인제 한 번, 그라면 우리 배차 농사를 했지. 만 포기, 한 15,000평에 심어서 요기서 다 팔았어. 그때만 해두 도떼기시장 같앴는데 4차선이 나고, 나이두 먹구 하도 인제 고단해서 못햐.

몸에 익혀서 몸에 맞게 하는 게 농사

무슨 특수작물이나 이런 거는 기술이 있구 하지만 벼농사나 옥수수 같은 거는 별 기술두 없구. 그때 할 때 남 하는거 보구 했지. 농사는 생각해서 하는 거지. 누구한테 갈키 주는 것두 아니구 몸에 익혀서 그냥 내 몸에 그게 맞는갭다 하니까 하는 거지. 먹고 살길도 없는데 할 수 없이 그냥 그걸 해야지. 죽으나 사나 해야지.

젊은 사람들이 들어오면 그 사람들은 우리 농사 짓던 거 하고는 반대잖아. 그 사람들은 특수작물을 한다든지. 나는 옛날 그 구가다^{구식} 농사를 짓는 거구. 특수작물하는 사람들 하고는 맞을 수가 없쥬. 그 사람들은 배워가지고 온 사람들이잖아요. 나는 구가다 농사를 진거지. 옛날 벼농사는 사실 너나없이 다 졌잖아, 나두 짓구 너두 짓구. 또 옥수수는 옛날에 논둑에 조금씩 심어서 꺾어서 먹기만 했지. 근데 도시 사람들이 좀 답답해했다고 하더라구. 이제 옥수수가 맛이 좋구, 위장에도 좋다 하니께 사람들이 그걸 많이 먹었지. 그래서 거기 따라서 나는 농사를 맞춰서 졌쥬. 구가닥으로 그냥 오로지 땅에서 진거지.

예를 들어 천 평만 하면 하우스가 몇 개 되잖아. 그걸 몇 사람 붙어서 할 수 있잖아. 근데 벼농사나 옥수수 하면 천 평 같으믄 어림두 없지. 나 같은 거면 이제 구가다 농사라고 하구. 지금 만약에 귀농해서 오는 사람은 그 특수작물, 포도나 깻잎 이런걸 해야 된다고 얘기를 하쥬. 오는 사람들은 인제 기계도 하고 젊으니께 그런걸 거 해보라고 하쥬.

술을 밤새도록 먹어도 거뜬한, 깨끗한 마을 공기

첫째는 우리 마을 환경이 좋잖아. 여기는 공장 지대가 하나두 없어. 그렇다구 해서 교통이 불편한 것도 아니잖아. 대전두 가깝구. 또 인자 물이 좋구. 옛날에 우리 클 때 저 산에서 내려오는 물 먹었어유. 작년까지두 산골 물 요렇게 받아서 먹다가 거기다가 땡크를 하나 묻었지. 그 물 받는거지. 정부에서 해 줬쥬. 땡크는 있는데 지금은 인제 안햐. 물은 차단시켰어. 왜냐하면 정부 물, 상수도 들어왔잖아. 그래서 살기가 좋았어. 여기 엄청 공기 맑구 사람들이 좋은 데여. 서울 사람들이 여기 오면은 서울에서 술을 먹으믄 술이 안 깬댜, 아빠 친구들이 여기 내려와서 술을 밤새도록 먹고 그래두 아침이면은 거뜬하다 그랬어. 여기가 살긴 좋아유.

| 공간 |

연탄가루 뭉쳐서 불 땐 흙건조장

담배 농사는 방곡리서 한 20년 했어유. 여럿집 있었지. 옛날엔 복숭아하고 담배 농사를 주로 많이 했지유. 그거 정부에서 전부 대 주잖아유. 자료를 다 주구. 가을에 농사하다가 가무는 거에요. 이렇게 없는 사람은 그걸 꼭 해야 되는 거지.

옛날에는 그래서 먹구 살았어. 저기 산내기^{새끼}루 해가지구 이제 댕겨서 짠다고 하구 그랬어. 담배를 엮어서 이렇게 말려야 댜. 말릴 적에 매달아서 말리지, 짚세기 짚으로 꽈가지구. 근데 요즘에는 행가^{hanger} 거기다 딱딱 하지. 지금은 좋죠. 그때는 건조기 없었어. 옛날에는 산내기 꽈서 그걸 다 했지. 볏짚 이렇게 꽈가지고 담배를 거기다가 껴야지. 마을 사람들이 와서 껴주잖아. 그래 가지구 갖다 말리는 거유. 옛날에 흙건조장 있었잖아유. 연탄 열 개 그거 다 뭉쳐가지고 땠잖아, 돈이 있나 뭐, 그런 거를 뭉쳐서 땠지. 저이랑 나랑 장갑찌구 이렇게 만져가지구서 갖다 넣으면 잘 타잖아. 그런 게 가루로 와요, 그람은 그걸 퍼다가 물 퍼다가 이겨가지구 말려서 때는 거지. 그래가지구 말렸지. 그걸루 이렇게 기름일구 꺼내구 그렇게 해가 그걸루두 쪘어.

여기 방곡 마을에서는 담배농사를 몇 집 했어. 담배 창고가 요기 있었어. 요기 우리 음식 파는 데 고 앞에 있었어. 수자원공사가 샀어. 거기다 나무 심었어. 창고는 죄다 싹 없앴어. 암것두 없어. 나무를 싹 다 심었지. 옛날 거 진짜 아까워. 그 창고 뜯은 지 한 10년 됐을 거.

동네 아지트, 바다네 가든

둘이 맨날 아침 잡숫구 운동해요. 우리 아저씨는 자전거 타구 이 마을을 저 밑으로 아침에 한 바쿠 아니면 두 바쿠 돌구. 또 나는 나대로 또랑가 뚝판으루 한 30분 걸어요. 매일 그렇게 해요. 그렇게 하구, 인자 우리집 쉼터 준 데 고기 가서 어른들, 아빠 친구들 그런 사람들 들어오면은 내가 커피 계속 사 대잖아. 거기서 수다 떨다가 또 점심들 내가 또 많이 사주지.

뭐 바다네는 아지트라고 했대. 내가 쉼터를 맨들어 준겨, 우리 아저씨랑 나랑. 거기에 내가 돈을 10원을 받는 것두 아니구 내가 커피 사구 생강차 그런 거 다 대접 하는 겨. 코로나 때문에 사람들이 갈 때 올 때도 없잖아. 그래서 우리집에 와서 앉아서 놀다 가는거지.

| 공간 |

• 외부

• 내부

• 창고

쌀은 미래의 산업 '정방정미소'

차재천 | 1973년생

방곡리에서 2남 1녀 중 장남으로 태어났다.
안내초등학교와 안내중학교를 졸업하고,
토목을 전공했다. 토목 현장에서 측량하는 일을 하다가
아버지가 돌아가신 후 가업을 잇기 위해 귀향했다.
현재 마을 입구에서 '정방정미소'를 운영하면서
농사를 짓고 있다.

| 생애 |

'윗말 아랫마을'하면서 놀던 큰 동네

저는 2남1녀 중에 장남이고, 초중고를 옥천에서 나왔는데 공업고등학교 나와 방통대 2년 다니다가 말았어요. 안내초등학교, 안내중학교, 옥천공업공고. 나는 여기서 그냥 자라구 생활하다 보니까 여기가 변하긴 변했는데 뭐가 뚜렷이 변한 거는 잘 모르겠어. 근데 외지에 있던 친구들이 가끔 오면은 옛날 헌 건물들이랑, 없던 부동산 이런 것들이 들어와 있으니까 변했다고 하는데, 지금 이 4차선 개통이 된 게 한 3년 정도밖에 안 됐어요. 현리에서 이리 봉은 쪽 빠지는 길은 없는 길을 만든 거구. 지금 집 앞에 요게 옥천으로 가는 길이었어요, 37번 국도. 이런 게 변했어요.

여기가 예전에는 엄청 큰 동네였어요. 그때는 진짜 사람이 많았어. 형들도 많았고. 지금 바로 그 위치에 회관이 있고 광장이 있었는데 우리 어렸을 때는 거기가 엄청 커 보였었어요. 거기에 모이믄 축구도 하고 딱지치기도 했어요. 윗말 아랫마을 해가지구 애들끼리 축구도 하고 게임도 하고 그런 식으로 많이 어울려서 놀았어요.

선대 때부터 하던 '정방정미소'

처음에는 외할아버지가 이원면 강청리에서 물레방앗간을 하시다가 안내면 장계리 욱계라는 데로 오셔서 방앗간을 할 때는 대청댐이 생기기 전, 거기서 방앗간을 하시다가 댐이 만들어지고 하면서 헌 방앗간을 인수해가지고 여기에 오신 거에요. 외할아버지가 그때는 많이 어르신이니까 돌아다니다가 여기 와서 보니까 빈 방앗간이 하나 있었는

데 내놨다라는 소리를 듣고 그때 정리를 하고 여기 와서 방앗간을 산 거예요. 방앗간을 새로 설비를 하고 운영을 시작하면서 외할아버지는 돌아가시고 우리 아버지 어머니가 계속 운영을 하게 되었던 거쥬. 방앗간 하면서 그렇게 터를 잡으신 거쥬.

　　부모님은 그때도 방앗간을 하셨어요. 여기 매나 요 자리에서 하셨고, 그때 당시에는 전기로 된 신식이 아니라 발동기로 하는 그런 방앗간을 하셨었어요. 그게 하나의 엔진이라 회전력이 생기면 거기에 피대를 걸어가지고 전체 기계를 돌리게끔 돼 있었어요. 그때 당시에는 이 동네 이름이 정방리다 보니깐 그냥 정방정미소라고 계속 꾸준히 하고 했는데, 내가 들어와서 옛날 건물을 부수고 신식건물로 새로 지었죠.

　　그때 당시에는 안내면에 방앗간이 여섯 개였다고 그러더라구. 그라고 외지 시골 동네라 두 동네에 하나씩 방앗간이 있었던 걸로 기억해요. 또 쌀이 귀하던 시절이라 방앗간 하면서 터를 잡는데 아마 많은 도움이 되지 않았나 싶어요. 소득도 좋았구요.

아버지의 복숭아 농사

그때 당시에는 아부지가 그래두 선두 농사였지 않나 싶어요. 묘목을 김천인가 어디를 가서 사와 가지고 밭에 심어서 사람들이 복숭아를 배울려고 많이 왔던 기억이 나요. 여름방학 때 그라믄 놀러 가지를 몬해. 그때는 수확이 시작되니까 방학 내내 복숭아 따구, 바구니도 날라다가 놓으면 엄마가 선별해서 상자에 담고, 지금이야 보기 좋게 종이 상자지 처음에는 큰 다라로 만들었어유. 그때는 또 차도 없었어. 새벽에 경운기에 가득 싣고서 어머니랑 아부지랑 대전역 공판장까지, 도매시장이 그때 당시에는 대전역 옆에 중앙시장에 경매시장이 있었어. 거기까지 끌고 가셔서 경매해서 팔았어요. 그래 오실 때 되믄 인제 인나서 밥 묵고 있으면 들어오시고, 부모님들 식사하고 또 바로 복숭아 따러 가고 그렇게 지냈던 것 같아요.

서른이 되기 전에 시작한 농사일

고등학교 때 교통사고를 당해서 골절이 돼 가지고 어떻게 운이 좋게 면제 판정을 받아서 군대는 안 갔어요. 저는 토목과 졸업해가지구 현장에 가 있었어요. 고생 무지하게 했지요. 학교 졸업하고 줄곧 일만 했어요. 현장 일이 너무 힘들었어요. 현장이다 보니까 콘테이너에서 자구, 지금 생각하믄 참 어린 애지. 거기 대리니 이런 사람들도 그렇게 자구 하니까, 같이 자구 그게 너무 싫더라구. 쪼끔 하다 보니깐 사람이 없어도 맨 기계만 돌아 다니구, 담푸차(덤프차)만 돌아 다니구, 그냥 폴대만 들구서 측량하러 댕기고 그런 게 싫더라구.

그때 직장 다니는 상태에서 아부지가 돌아가시고 그리고 또 어머니가 너무 고생 하는 것 같구, 다른 직업도 찾을 겸 해서 내려 왔어유. 그때 방앗간도 하구 포도 농사가 있었어요. 당시에 아부지가 돌아가시기 전에 포도밭 1,200평짜리를 만들어 놓으셨어요. 복숭아도 지었고 그래가지고 어머니 혼자 힘들 것 같아가지고 직장 생활 접고 들어와서 한 5년 정도 어머니랑 농사 지으면서 방앗간을 했던 것 같아요. 그러면서 그때 열관리하고 보일러 자격증 따면서 취직을 했죠. 서른 되기 전에 그 직업을 했던 이유가 그게 격일제 근무에요. 하루는 아침에 출근하면 그 다음날 아침에 퇴근하고 그 하루는 공백이 생기니까 집에 와서 시골일 하고 같이 병행할 수 있어가지고 그렇게 했어요.

사업 지원 선정과 대출로 새로 도전한 정미소

어머니는 자꾸 나이 드시구 힘이 드시니까 그래서 그때 모아놓은 돈으로 방앗간을 좀 더 크게 한번 해 보고 싶었어요. 그때 저도 직장 다녔었고, 시설관리과장으로 있다가 직장생활 하는 게 너무 무료하고 미래도 보이지 않고 성격적으로 단조로운 걸 싫어하다 보니까 싫증도 느끼고, 그래서 인제 그만두구 방앗간을 좀 새로 해야 되겠다했었는데 어머니가 무척 반대를 했죠. 왜냐하면 부모님들이 방앗간을 할 때에는 쌀이 참 귀하던 시절인데 우리 세대는 그렇지가 않잖아요. 먹거리가 많잖아. 쌀이 옛날만큼 그렇게 메리트가 없구.

그때 계속 포도농사 지으면서 나중에는 오기가 생겨서 해야 되겠다 싶더라구. 그래서 이차저차 기술센타도 많이 다니구 정보도 알아보고 하다가 사업계획서를 해서 제출 했어요. 근데 우연찮게 그게 선정이 됐어. 그래가지고 총 1억 사업에 7,000만 원 지원이 된 거죠. 그거 선정이 되고 나서 어머님 설득을 할려고 했는데 안된다는 거예요. 왜냐하면 내가 갖고 있는 돈은 한 5,000만 원 정도고 나머지는 하다 보니까 1억 이상 시설비가 들어가고. 그래도 자식 이기는 부모 없다고, 그래서 사업 선정은 받아 놓구 취소를 할까 까지도 했다가 나중에는 어머니가 하라고 하시더라구. 근데 돈이 이렇게 많이 들어가는 줄 몰랐어. 2억에서 400만 원이 빠지드라구. 나머지 돈은 내가 대출을 해가지구 갚겠다 해가지구. 작년에 다 끝났어, 5년 만에 거치 상환기간에 다 끝냈어요.

품, 인건비가 많이 들어서 놀리고 있는 하우스

9월 중순부터 12월까지는 하루두 쉬는 날이 없어유. 하루에 쌀 가마니 20킬로, 막 150개에서 한 100개 정도 계속 작업을 하니까 그때가 제일 목돈이 많이 들어올 때쥬. 그만큼 힘들어, 수작업을 해야 되니까. 지금 논은 4,700평 정도 되구, 하우스가 1,000평이 조금 넘는 게 하나 있는데 그건 지금 한 2년째 놀리고 있어유. 포도 폐농하구서는 처음에는 콩도 심어 봤다 감자도 심어 봤다 이렇게 했는데 포도보다 수익이 너무 안나고 인건비도 많이 나가고 힘은 힘대로 들구 그래서 이제 2년째 휴농을 하고 있어유.

포도농사를 폐농을 한 이유는 내가 혼자서 감당을 못하겠더라구요. 순이 나오고 꽃 정리를 하고 열매 돌기를 하고 혼자 다 할 수 있는데 수확시기가 돼서 여자 손이 없으면 할 수가 없어. 농사에서 모든 일에 마무리는 여자 손이 가질 않으면 안 돼요, 선별이라든가 포장이라든가. 따고 가꾸고 일구고 거름 주구 이런 건 남자들이 얼마든지 할 수 있는데. 그래서 2년째에는 아주머니를 얻어서 해보니까 이게 작업이 안돼. 제수씨는 시골서 큰 사람이라 손이 빨라요. 그래가지고 안되겠다 해가지고 동생을 다시 불러서 2년째 하고나서는 곰곰이 생각을 해보니까 이걸 내가 혼자서 도저히 힘들 것 같아. 그라고 언제까지고 동생네가 와가지고 여름에 보름씩이나 시간을 뺏겨 가면서 그걸 도와달라고 하기도 그렇고. 물론 와서 일을 해주면 그만한 대가는 주지만은 걔들 나름대로의 시간이 있으니께.

아, 안되겠다. 누구한테 손을 빌릴 사람도 없어가지고 폐농을 하구서 이제 채소 쪽으로 갈라고 하니까 이건 손이 더 필요한 거야. 내가 심어 놓고는 닦고 다듬고 할 사람이 없는 거여. 이게 갑갑한 거야, 해놓기는 해 놨는데. 그때 당시에 일품을 다니던 아주머니들이 나이가 60이 넘어 70이 되니까 일을 못하시는 거에요. 하루는 오는데 이틀은 쉬어야 돼. 그래 외국인을 데려다가 해보니까 인건비가 안 맞네. 근 5년 사이 인건비가 엄청 올랐어. 그때 당시에만 해도 6만 원이었는데 지금 8만 원이야, 남자는 12만 원. 그래 계산을 해보니까 야채 몇 개 팔아가지구 인건비 감당을 못하는 거야. 그래서 그거를 하다가 말고 중간에 갈아 엎었어. 열무를 심고서 하다가 그 다음에 감자를 했어. 근데 이게 품이 많이 들어가네. 사람이 캐고 다듬고 담고 이렇게 하다 보니까. 이게 저장을 해야 되는데 저장을 몬하고서 바로 나가니까 가격도 안 되잖아. 품에 다 나가. 어허, 이것도 아니네. 그래 하우스에 적합한 게 포도 밖에 없더라고. 지금 다시 포도를 할라고 보니까 이게 또 포장을 할 때 일손이 없어. 이게 무지하게 고민을 하고 있어요. 아까워서 참 뜯어내지도 못하고. 그 시설 할 때도 자부담이 3,000만 원 정도 들어갔을 거에요. 이러고 저기는 친환경 인증을 받아서 한살림에다 납품을 했어요. 이게 다 좋은데 포장을 할 때 손이 없으니까 한계가 있는 거 아니야. 이게 좀 손발이 맞구 사람이라는 게 그렇더라구 와서 도와주는 건 고마운 데 돈이 왔다갔다 거래가 되면 사람이 냉정해지구. 지금은 놉으로 둬서 한다는 게 인건비가 맞질 않아요.

| 일상 |

안내면 자율방범대 사무국장

지방자치가 되면서 마을에 지원을 많이 해주면서 지금은 옛날만큼 일은 많지는 않아요. 옛날에는 동네회관 가서 청소를 좀 한다던가 이장님하고 얘기해서 여름에는 도로 주변에 잡초 제거 그런 일 정도를 했는데 옛날만큼 그렇게 많지는 않은 것 같애. 여기는 자율방범대니까 자유적으루 해요. 그냥 지역에 있다 보니까 같이 어울리게 돼요. 젊은 사람들끼리 어울리다 보면 지역에서 봉사활동도 좀 해야 되지 않냐 그런 얘기도 하게 되죠. 또 우에 선배님들도 오래 전서부터 했었고, 지금 저희들 대원이 안내면에 열여섯 명 있어요. 저는 요즘 방범대 사무국장도 맡고 있어요. 면사무소 초등학교 후문 쪽에 가면 방범대 사무실이 있어요. 거기에 당구대도 있고 주로 저녁 때 되면 그냥 거기 가서 당구 치고 그렇게 놉니다.

'하루에 만 원만 벌자'고 시작한 주식

주식은 직장 다닐 때서부터 쪼끔씩 하고 있어가지고 그때 한 1,500만 원을 했는데, 나중에 1년이 지나니까 그게 400만 원이 돼 있더라구. 이걸 어떡하지 하고선 그때부터 정신 차리고 주식 책도 보고 한 3년 정도 지나니까 복구가 됐어. 그래서 지금은 1,000만 원 정도만 갖구서 하루에 만 원만 벌자 해요. 이제 주식 좀 잘하는 사람한테 가서 배우기도 하고 지금은 유튜브 보면서 내가 필요한 것만 들어요. 아무리 많은 얘기 들어도 필요 없고 나와 맞는 거. 저는 한 주를 사면 한 두 달 정도 갖고 있고 길면 두 달. 쪼금 번다고 그러면 20 프로 조금 넘고 보통 한 10 프로 요쪽 저쪽 고 사이에서 팔고 또 다른 거 사고 이런 식으로 해요.

처음 맛본 냉동밥 때문에 고민 중인 브랜드 사업

가을에는 바빠서 어쩔 때는 막 굶기도 하고 그래요. 귀찮고 해서. 근데 11월 달인가 대전 홈플러스를 가니까 낙지덮밥, 곤드레밥, 닭밥 그런 냉동밥 해놓은 게 팔더라고요. 렌지에 다 또 후라이팬에다 그냥 데우기만 하믄 되더라구. 진짜 좋더라구. 그게 있는 지도 몰랐어요. 그래가지고 종류마다 다 사왔어. 열댓 개 사온 거 같애. 왜냐하면 아침에 작업을 시작하면 진짜 바빠요. 사람들은 와서 이렇게 놓고 가지, 오늘 쌀 가져가야 한다고 하지. 그러면 점심을 건너 띄는 일이 있어요. 아우, 못 먹기도 하고 컵라면을 사서 놓구 먹기도 하구. 그라다 보면 또

저녁 때 가면 힘들구. 그러면 거 간단하게 해서 먹기가 좋더라구.

난 방앗간 하면서 햇반은 있는 거를 알았는데 그 정도까지 반찬이 되는 줄은 몰랐지, 최고야. 작년 봄에 하우스 일할 때 그거를 냉동실에다가 사다 놓고서 그렇게 먹었어. 쌀이 그렇게 발전이 많이 된 줄은 몰랐어요. 이렇게 막 방앗간을 할 게 아니라 그걸 보고서는 방앗간에서 방아를 쓸 게 아니라 이런 거를 생각을 했어야 하는구나. 나는 방앗간이라는 게 '사업을 한다'라고 생각을 했는데 그걸 보고서 이거는 사업이 아니구나, 이거를 왜 몰랐을까 그런 거를 개발해서 어떤 브랜드를 만들어서 소비자들이 좋은 쌀맛을 볼 수 있는 그런 거를 생각 중이에요. 요기서 방앗간만 할 게 아니라 쌀과 연관된 뭔가를 생각하고 있어요. 너무 좋더라구 이거 사다 먹으니까. 지금도 냉장고에 있어.

좀 특색있는 상품, 배꼽시계

처음에 방앗간 짓고, '미소지미'라고 처음에는 상표를 냈었는데, 등록된 거 중에 '미소'가 있더라구, 그래가지고 상표 등록을 못했어요. 그러다가 작년에 인터넷 만화를 보다가, 왜 어른들 그러잖아 '배꼽시계가 시간 됐다' 이런 식으루 얘기를 하잖아. 그래가 '배꼽시계'라고 하니까 그게 확 들어오더라구. 대부분 농산물 같은 경우에 지역 브랜드 이름이라든가 뭐 그런 식으로 하잖아요. 나는 그거보다는 좀 특색 있는 걸로 하고 싶었어요. '배꼽시계'가 팍 눈에 딱 들어오는데 그게 안 잊어 먹드라구. 그래가지구 '배꼽시계'를 작년에 인쇄를 한 거예요. 이거 상표 등록을 할려고 하는데 절차가 엄청 힘들더라구요. 다른 상표 등록이 먼저 돼 있으면 시계라는 이름이랑 배꼽이라는 이름이 50프로 이상 들어가 있으면 안 되는 거야.

| 공간 |

• 외부

• 정미소

근엄한 멋과 풍류가 익어가는 풍경,
경북 김천시 구성면 상원리 상원마을

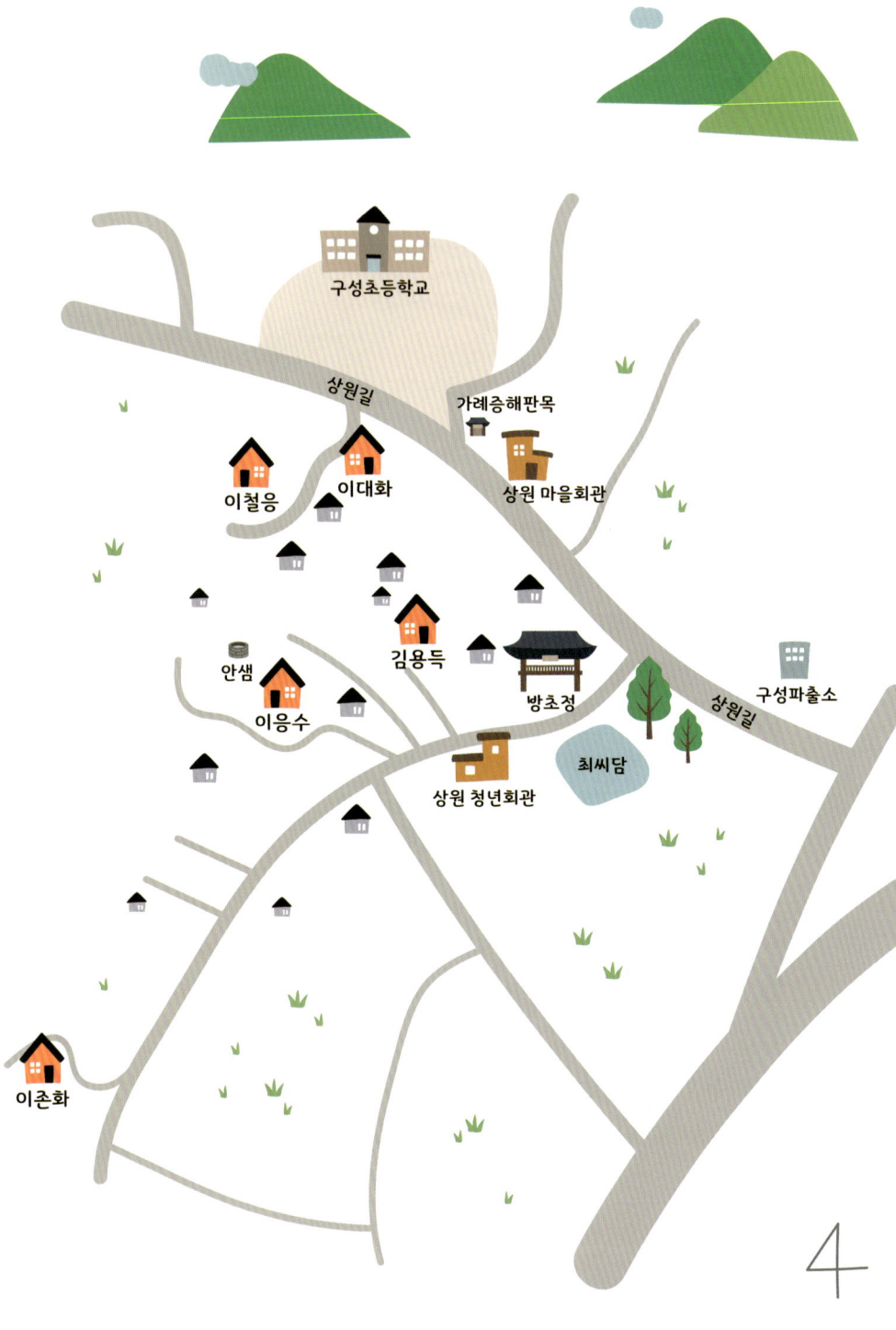

근엄한 멋과 풍류가 익어가는 풍경,
경북 김천시 구성면 상원마을

김천시 구성면 상원마을은 연안이씨延安李氏 부사공파副使公派 일가가 처음으로 터를 잡고 마을을 이룬 조선 중기 이래, 오늘날까지 '연안이씨'들이 집성촌을 이루며 살아가고 있다. 풍수지리학상으로 마을의 형국은 '물 위에 떠있는 연꽃'이라는 '연화부수형'으로 조선 8대 명당 중의 하나라고 전해져 오고 있다. 오래 전 마을에는 큰 안샘이 있었으며, 낮은 산이 마을 삼면을 감싸고, 앞에는 넓은 들판이 펼쳐져 있다.

마을 입구에서 오랜 세월 그 자리를 지키고 있는 방초정은 인조3년1625 이곳 출신의 유학자 방초芳草 이정복李廷馥, 1575-1637이 지은 정자이다. 이후 영조12년1636 여름 큰 홍수로 유실되었으나 정조 12년1788 공의 5대손 경호공鏡湖公이 지금의 자리로 옮겨 다시 건립하였다. 많은 시인과 묵객들이 정자에 올라 주위 아름다운 경치를 찬미하는 '방초정 십경'의 제목들에 관한 소표제가 목판으로 걸려있으며, 2019년 국가 보물로 승격 지정되었다.

또한 마을 안쪽 구성초등학교 앞에 위치한 '숭례각'에는 경상북도 유형문화재로 지정된 최고의 예학서 '가례증해家禮增解판목'이 보관되어 있다. '연안 이씨' 5현을 모시던 '도동서원'을 비롯해 마을 곳곳에 '연안 이씨' 문중과 관계된 서원과 재실, 고택이 잘 보존되어 있다. 최근에는 구성면 상권이 쇠퇴하여 구성면 소재지보다 김천시가 주 생활권이며, 마을 특산물로는 자두와 양파를 꼽을 수 있다.

(참고: 연안 이씨 선조유적 탐방 자료)

백년 가옥에서 꿈꾸는 땅의 희망
'결국 사람'

이응수 | 1960년생

상원리에서 3남 3녀 중 넷째로 태어났다.
1919년에 지은 '100년이 넘은 집'에서 6남매가 자랐다.
43년 농사 이력 중 8할이 농민운동이다.
30년 전 감천강가에서 주워 온 돌로 집을 보수했다.
주로 양파 농사와 벼농사를 하고 있다.

| 생애 |

여름에는 뽕잎따고, 겨울에는 소꼴 뜯으러 댕깄지

이 집이 출생지예요. 3남 3녀 6남매인데 위로 형님 둘, 누님 하나, 밑으로 여동생 둘. 여기 구성초등학교는 지금도 우리 마을에 있어요. 지례중학교라고 여기서 걸어 댕깄어. 한 4키로 10리 되는데 걸으면은 한 사오십 분 걸릴 거야. 그때는 비포장 신작로잖아. 가끔씩 버스 댕기면은 먼지가 일어나고, 양쪽에 아름드리 미루나무가 서가 있고 그렇지. 우리 전부 다 걸어 댕깄는데, 그때만 해도 한집에 보통 6남매, 많은 집은 9남매 됐으니까 애들이 많았지. 아침 되면은 신작로에 학교 간다고 교복입고 새카맣게 걸어가지.

고등학교는 김천 시내에 있는 중앙고등학교를 다녔어요. 형님들은 그 시절에 다 먹고살기 힘드니까 일찍 도회지로 나가셨지. 중학교 들어가고 바로 나가셨지. 그 시절에 그랬어. 그래야 밑에 동생들이 공부를 하니까. 부모들은 다 농사 지으셨지. 소작도 좀 하고 우리 논이 한 천 평 가까이 있었으니까 우리 논도 같이 하고 그랬지.

방학 때 겨울에는 보통 나무하러 가지. 양잠은 때가 따로 있어. 여름에 하면 되고, 초가을에 한 번하고, 일 년에 두 번하거든. 춘잠, 추잠 해가지고

두 번한다고. 고치 생산, 누에 사육을 그렇게 한다고. 밭에 가서 뽕잎 따고 집에 와서 뽕잎 시간 되면 누에 먹이를 주고. 또 누에를 뽕 가위로 쪄야 돼. 이렇게 낫으로 쪄가지고 지게를 지고, 그게 싸리나무처럼 크단 말이야. 지게로 지어 리어카에 실고 집에꺼지 가지고 온다고. 집에 와서도 마당에서 다 따. 애들은 다 그런 걸 하지. 또 소꼴도 뜯으러 댕겨야 되고 그랬지.

학교보다 농사가 우선

그 당시에 부모들이 학비를 제대로 대주고 학업을 시킬 수 있는 조건이 되면은 공부하기 싫은 놈이 어딨어. 아버지가 뇌출혈 맞아가지고 15년 누워 계시다가 고등학교 1학년에 돌아가셨다고. 내 기억엔 나 어릴 때부터 누워계셨으니까. 나 초등학교 때 일 밖에 안했으니까. 농사를 지어야 된단 말이야, 아버지 대신에. 그래서 통학을 할 수 밖에 없었지. 일하는 게 우선이니까. 학교 댕기는 것보다 일하는 게 우선이니까. 그러고 대학은 꿈도 못 꿨지.

'80년 광주'로부터 깨우치게 된 농민운동

농민운동 계기가 된 거는 80년 광주 사건이지. 그거를 알고 나서는 이쪽 길을 간 거지. 그게 계기가 된 건 사실인데 우린 좀 일찍 알았지. 특별한 계기는 없었고 그냥 스스로 알게 되는 거지. 그 당시에 언론통제하고 광주에 대해선 입 밖에도 못 꺼냈었지. 그래도 알 건 다 알고 있었으니까. 기독교 농민회는 가톨릭 농민회보다 뒤에 생겼지. 그때 긴급조치 시대 아니라 안기부 시절이고. 그렇게 이쪽 길로 인생을 걸은 거지, 지금도 쭉. 그 조직은 가톨릭 농민회를 통해서였어. 농민운동

은 가톨릭 농민회밖에 없었어, 그 당시는 농촌지역에. 그 뒤에 기독교 농민회가 생겼고, 자생적 농민회가 생겼고. 그걸 다 엎어가지고 전농이 생긴 거지. 사회활동을 그렇게 했지. 혼자 그렇게 따로 공부는 했었지.

신체등급 1급 방위

군대는 방위생활 했어요. 키가 작대. 우리 친구들은 초등학교 나오고 중학교 나와도 다 현역으로 잡혀갔거든. 근데 난 방위 받았어요. 방위 받고 나는 좋았지. 왜냐면 농사를 지을 수 있으니까. 식구들 생계를 책임지고 있었으니까 너무 좋았지. 나 같은 사람은 방위해야 해. 그래서 우리 마을의 파출소 하나 있잖아요. 도로 입구에 고기가 중대 본부가 있었다고 거기서 했어요. 농사는 2년 동안 다 했지 뭐, 그때 14개월. 수작을 부려서 그랬지 뭐 손을 썼다는 얘기가 아니고. 신체검사를 받으러 가잖아. 받으러 가면 신체 등급을 매긴단 말야. 근데 신체등급이 1급 갑인가 많았어. 근데 적성검사인가 뭐 하더만. 문제를 스무 개 정도 내. 거기서 조금 수작을 부렸지. 그니깐 넌 빠지래. 아 이거 불쌍하다고 박카스 주고 하더만. 그래가 시험지를 다시 주더라고. 하나도 틀리면 오늘 너 맞아죽는 줄 알아라. 고거 스무 개를 고대로 고대로 다시 냈지. 이거 완전 또라이라 카면서. 근데 난 방위 안하면 동생들이 학교를 못 댕긴단 말야. 그건 생각을 하고 갔어. 그래도 운이 좋았지 뭐. 그 징집관이 그때 대령인가 앉아가지고, 집에 가서 부모님 열심히 도와드리라며 방위하라고 카더라고. 감사합니다 카면서 나왔어. 인제 내가 가장이지. 다행히 그때 어머니는 건강하셨지.

잠업농협의 고치 수매

나는 일만 했지. 누에하고 양파, 벼농사를 지었지. 누에는 잠사서 나와요. 지금 같으면 농협인데, 그때 잠업 농협 이런 게 있었어. 거기서 수매를 한단 말이야 나락 수매 하듯이 고치 수매하는 날이 있어. 구성면민들이 다 와서 수매를 하고 한다고. 지금 그때 가격은 기억이 안나. 다 해가지고 이렇게 상조가 등급을 매겼었다고. 그때 그거는 어무이가 관리하니 정확하게 돈 액수 이런 건 기억이 안나.

수배학생 7년 뒷바라지 한 어머니

한국 농촌의 구조적인 문제는 결국은 전국 조직인 전농을 통해서 싸웠고. 또 현장에서는 그때그때 사안들이 생긴단 말야. 사드도 생길 수 있고 지역 문제가 생길 수도 있고 또 농협 문제나 다른 문제가 생길 수도 있고 마을 문제가 생길 수도 있고 그건 그때그때 싸움을 하는 거지. 예를 들면 전두환 시절이 얼마나 험악한 시절이라. 그때 85년도인가 양파가 폭락해서 전부 다 버리게 생겼어. 그때 경운기를 동원해가지고 양파를 갖다 싣고 금릉군청으로 나갔었지. 나가다가 거기서 경찰들한테 막히고 또 협상하고 싸우고 해서 다 군청에서 인수하는 걸로 했지. 지역에서 그런 소소한 사건사고들, 투쟁들이 많았었지.

94년인가 도 연맹에 사무처장을 할 때 서울서 집회를 했어. 그때 백골단이라고 체포조 같은 게 있었는데, 그래가지고 흠씬 밟히고 맞았지. 내장이 다 터져가지고 12시간 수술 받았어. 그 이후로는 사람이 힘을 못 쓰겠어. 일도 오래 못하겠고, 술도 많이 못 먹겠고. 사람이 빌빌해. 나이 드니까 표시가 확 나뿌리네.

우리 어머니는 한 번도 자식 하는 일 말려본 적이 없어. 오히려 대구 지역의 학생운동하다가 수배된 애들 한 열일곱 명이 우리집을 거쳐 갔어. 걔들 빨래, 밥 다 해줬어. 어머니가 한 7년 정도 그렇게 했어. 다 했어, 울 어머니. 그래서 한 번도 싫어하신 적이 없어.

부모를 모시는 마지막 세대

우리가 아마 부모를 모시는 마지막 세대라고 캐야 될거야. 내가 태어나서 첨부터 끝까지 어무이하고 같이 살았잖아. 그러니께 요양원 이런 데 보내는 게 쉽지가 않더라고. 그래서 저쪽 방에서 어무이 3년 가까이 대소변 받아냈거든. 주변에서는 요양원으로 보내라고 하더라고. 근데 그게 그렇게 안 돼. 나중에 출퇴근 요양사 그걸 신청을 하니까 잠깐 와서 봐주고 그렇게 하더라고. 그런 거 덕은 봤죠. 내가 반찬거리 사두면 그 사람들이 와서 끓여주고 그게 얼마나 고맙던지.

거기다 우리 맏형이 나하고 12살 차이인데, 이 양반은 가족 내력인데 풍을 맞았어. 그래가지고 어무이하고 같이 있었어, 저 건너 방에. 내가 혼자 같이 모셨어. 죽을 뻔 했어. 지금은 혼자서 서울도 가고 전국 다 댕겨. 또 혼자 있고 싶다 그래서 시내 임대 아파트 조만한데 혼자 계셔. 맨 정신으로 여기 7년 있었는데. 여기서 병원 데리고 댕기고 운동시키고 맥이고 그러니께 내가 머리가 다 빠지고 그렇지, 속 다 썩어빠지고 말이야. 어무니 치매가 있어가지고 나중에 욕창이 오니까 답이 없더라고. 그래서 요양원에 1년 채 안되게 계셨고, 거기서 돌아가셨지.

결국은 사람, 10년은 더 쫓아다녀야 만드는 조직

이제 나이가 들 때까지 뭘 해봐도 성과도 없고 짜증이 나잖아. 내가 내 혼자 공부하는 거지. 우리 회원들한테 이런 이야기는 죽어도 안하지. 지들이 어떻게 와서 보고 책 좀 볼께요 하고 가져가는 건 할 수 없어. 가져가는 건 할 수 없는데 만날 그런 이야기는 안 해요. 죽어도 안 해요. 지가 알아서 공부해야지.

결국 사람 아니겠어, 사람. 끝까지 붙들고 있어야 돼. 활동가들이 붙들고 있어야, 살아있어야 아무리 어렵더라도 때가 오면 또 그 활동이 다 나오는 거거든. 근데 이런 인재들을 하나 키우려면 수십 년 걸리거든. 실제로는 최하 10년 이상 걸려요. 변변찮은 조직을 하나 만들라 하면은 5년이상 댕기야해. 무슨 면 농민회 하나 제대로 만들려면 10년도 더 들어요. 특히 경북 쪽엔 더하지, 전라도는 좀 쉽지, 충청도는 좀 어중간하고. 이 노무 동네는 10년을 쫓아 다녀야지 하나 만든다고. 해방 전후에는 대구 경북이 최고였었어. 최고였었단 말이야.

| 일상 |

1년에 한 번, 방초정 청소날

우리 젊을 때는 저 연못에서 1년에 한 번씩 물 싹 퍼내고 그 고기를 잡는다고. 그러면 저기 방초정 밑에 메기, 붕어 뺑 돌아가면서 전부 고기라고. 몇 가마니씩 되는 거지, 고기가. 1년에 한 번씩 그렇게 꼭 그렇게 한다고. 잡아가지고 집집마다 바게쓰 가져와가 한 바게쓰씩 가져가고 그랬다고. 아마 나 중학교 때까진 했을 거야. 세제 쓰고 하니까 이젠 거기 고긴 안 먹지. 가을철에 씨족들이 묘사 지내고 그런 거 외는 특별한 행사는 없었어. 새마을운동하면서 초가지붕부터해서 돌담부터 다 바꿔놨잖아. 다 바꿔 다 땅에 묻고 전부 벽돌하고 세멘칠하고 시멘트 올리고. 다 땅에 묻히고 날라가고 없지.

코로나, 또 다른 계엄령

무슨 이 시골에 노인들 진짜 외롭잖아. 제일 고통이 외로운 거 아니야. 이 사람들끼리 모여서 얘기를 하고 10원짜리 화투치고 이래야 하는데 그걸 전혀 못하게 해요. 자꾸 회관 문을 잠군단 말이야. 며칠 열었다가 한 달 잠가 빼리고, 며칠 열었다가 잠가버리고. 이게 1년 내 그랬어. 하도 성질이 나서, '뭐 긴급명령 시대냐? 계엄령이야? 와서 문 열어.' 이래저래 촌에 노인들 불쌍하지.

여기서는 수입이 안되니까 애는 못 키워

여기서 애는 못 키워, 수입이 안 되니까. 노인들, 은퇴자들 이런 사람들만 들어와 있으면 돼. 앞에 냇가 흐르고 조용하고 좋지. 요 밑에 골프장 새로 생겼재. 바로 1키로 안되는데 24홀 늘린다고 한창 공사하대. 여기 원래 댐을 요 동네 바로 밑에 하려고 했는데 우리가 계속 싸움을 했지. 한 10년 싸움을 해가지고 부항 쪽, 상류로 올려 버린 거야. 그래서 부항댐이 생긴 거야. 저게 담수량이 한 5천만 톤 될 거야.

| 공간 |

돌로 수선한 '백년 된 집'

1919년에 지은 건데 백년이 넘었지. 요집은 우리 할아버지 할머니부터 살았지. 6·25때 바로 옆집에 살았었는데 6·25때 불 타고 이쪽 옆집으로 이사 온기라. 울 어머니 말씀 들으니까 그래. 내가 태어나고 6남매가 자라고, 내 자식들도 여기서 나고 키우고 그랬지. 남매들 다 키우고 그랬지. 이 벽체가 오래되니까 떨어지고 해서 내가 돌을 갖다가 수선을 한기라. 돌은 저 감천 지류인데 요 앞에 냇가에 전부 돌 밖에 없어. 냇가에서 경운기로 실어가지고 내가 했는데 한 30년 됐지.

• 외부

① '초등학교 때 아버지를 따라다니면서
황토흙으로 지은 잠실'은 고등학교 때까지 누에를 먹였다.
이후에는 구성초등학교 선생님들이 발령받아 오면
자취하라고 간혹 내주었던 곳이다.

② 1919년에 지은 '백년 넘은 집', '6남매가 자라고 내 자식들도 키운 집'
'오래된 벽체들이 떨어져 감천지류에서 가져 온 돌을
경운기로 싣고 와서 수선한 지 30년'이 되었다.

• 내부

숨결처럼 지켜 온 종가의 온기

이철응 | 1945년생

상원리에서 1남 2녀 중 셋째로 태어났다.
손 귀한 집의 해방둥이 외아들이었고,
그의 아내는 1년에 열세 번의 제사를 지내야하는
종부였다. 제대 후 1970년에 입사한 리동농협에서
퇴직 때까지 일했다. 현재까지 '여섯 칸 두줄배기'
종택을 지키며 살고 있다.

| 생애 |

손 귀한 집 해방둥이 외아들

저는 누님 두 분하고 제가 진짜 혼자죠. 웃대로부터 손이 좀 귀한 편이에요. 우리의 어렸을 때는 살림이 굉장히 어려웠죠. 말하자면 보릿고개라. 유행가 가사도 있듯이 어른들 말씀으로는 초근목피, 그때만 해도 식량이 없어 가지고 봄철 되면 산나물, 들나물 캔다고 할머니, 어머니들이 이불 보따리처럼 나물을 캐 와가지고, 그거를 주식으로 했던 어려웠던 시기죠. 또 내가 해방둥이니까 상당히 어렵게 생활을 했지요.

나무를 때던 김천 자취방

그때는 국민학교 학생 수가 많았었죠. 한 사백 명 쯤 됐는데 교실이 모자라서 2부제 오전반 오후반으로 나눠서 했어요. 지금은 인구가 자꾸 줄어드니까 전교생이 한 20명 되나 모르겠다. 중학교는 여기서 한 10리 떨어져 있는 지례중학교를 다녔고, 또 고등학교는 김천서 성의고등학교를 다녔어요. 그때 당시는 비포장도로에 단일로 였거든요. 그렇게 버스가 한 대 오게 되면 섰다가 또 맞은 편에 오는 버스가 비켜가고 교통이 불편했어요. 그때 김천서 자취방을 얻어가지고 있었죠. 그때는 주식 떨어지면 또 가지러 오고 했어요. 그때만 해도 싸리나무 같은 거, 거부지기(검부러기)라 그러죠. 그것도 때고 했어요. 그 당시 전반적으로 형편이 고단했으니까.

못다한 공부, 국문학과

내가 대학교는 중퇴를 했어요. 학교를 완전히 다 못 마쳤어요. 도중에 군에 입대를 했었죠. 전공은 국문학이었지만 시나 소설에 등단도 못했고 그러다 말았죠. 그때만 해도 제가 주변에서 쉽게 구할 수 있는 서적들이 다 한문으로 되어 있거든요. 이걸 알리려면 내가 공부를 좀 해야 되겠다. 거기에 문학이나 그런 게 또 나오잖아요. 그래서 그 과를 택했었는데 끝까지 마치지는 못했어요. 서울서 전차가 66년도까지 아마 있었을 끼라요. 학교가 명륜동에 있기 때문에 서울역에서 전차를 타고 다녔어요.

봉제사 위해 입사한 리동조합

66년도에 군에 입대를 해서 강원도에서 생활 했었어요. 69년도

에 제대해서 와가지고 농협에 입사했어요. 그때 내가 여기 종손이다, 봉제사 해야 된다, 제사를 받들기 위해선 내가 이 집을 지켜야 된다, 이래 생각하고 직장을 얻다보니까 요 가까운 직장, 70년도에 입사했었죠. 그때는 리동조합이라고 각 리동마다 농협이 있었어요. 고 명칭을 리동조합이라고 했었죠.

선대에 맺은 혼약

웃대에 아주 아주 유명한 산소가 여기 부항하고 양천동에 계셨거든요. 그러니까 요 지방에 어른분들하고 유대가 좀 있었어요. 그 당시는 묘사를 모시면 당일에 못가시고 하룻밤을 주무시고 갈 때가 많았어요. 그래가 중매가 되가지고 결혼을 하게 되었습니다. 그 당시만 해도 무조건 서로 간에 인연을 한번 맺자 이래 되면 먼저 언약 있고 선은 형식적으로 본 거지. 경주까지 가서 선은 봤지만은 그 당시만 해도 어른들이 전부 다 알아서 하는 거지. 혼약으로 먼저 맺어놓고 그래 된 기야.

이름이 한영숙이고 나와는 한 살 차인데 70년도 1월 1일 날 시집왔죠. 그때 내가 스물다섯 살인가. 2남 2녀 중에 첫째 딸인데 경주 건천에서 와서 택호는 경주댁이지. 그라고 여기 집안 관향이 곡산 한씨인데 저희 19대 조비가 또 곡산 한씨예요. 그러니까 서로 간에 이미 선대에 양가의 인연이 있었지.

'며느리 구하기 참 어려웠던' 종가

옛날에는 보통 종가의 여인을 종부라 안캅니까. 종부로 들어간 게 어른들로 봐서는 굉장히 영광이오. 그래 알았는데 지금 현실로 봐서는 상당히 그렇지 않아요. 제가 막상 지내온 과정을 보면 권리와 의무가 있는데 세상이 자꾸 살기가 각박해지니까, 선조에 대한 숭조 사상이나 그런 게 희박해져 가잖아요. 그래서 종가라고 카는 그것도 조금 색이 옅어갑니다. 지금 가만히 생각해볼 때 내가 종손으로서 권리보다 의무가 많다. 물론 그 만큼 내 의무도 다 못하지만은 종부로서 들어왔을 때 제사가 참 많았다 그런게 있었겠죠. 그래서 참 며느리 구하기가 어려웠어요. 종손이라고 카면 안 올라케. 다 도망가 버리지.

| 일상 |

1년 열세 번의 제사

아버지는 내가 어릴 때 일찍 돌아가셨고, 할머니와 어머니가 계셨고. 제사는 매나 시집올 때나 지금이나 똑같지 뭐. 1년에 열세 번. 바깥어른들은 다 돌아가시고 우리 할미가 100살까지 계셨거든. 우리 어머님은 또 98세까지 계셨고. 어머님 돌아가실 때 98년도일끼라. 그때 연세하고 연도하고 똑같았어.

사대 봉제사가 아홉이거든요. 그담에 불천위제사가 양대 두 어른이 계시니까 두 번 그리고 설 명절, 추석 명절 그래가 열세 번 됩니다. 옛날에 떡은 홀수로 내는데 열세 층을, 열한 층을 낸다 했는데 지금은 제수가 간편하게 마이 축소를 했어요.

| 공간 |

과객들이 묵고 가는 여섯 칸 두 줄 배기 집, 종택

여기가 종택인데 6·25 동란 때 전부 소실되고, 그때만 해도 여섯 칸 두 줄배기의 집이 있었는데 거기 큰사랑이 있었어요. 지금도 지례 5개면에서는 큰사랑 카면 바로 저희 집으로 직결이 되죠. 여기 10리쯤 되는 지례현이 있었는데 거 지나가게 되면 방초정 거쳐가지고 큰사랑에 들어오시는 과객들은 다 묵고 가고 했지요.

보통 흔히들 종가하면 아주 고택이라고 생각하지만 이건 고택이 아니거든요. 그래가지고 초라합니다. 확실하게 생각은 안 나지만 이게 제가 한 네 살 정도 그때 완전히 지은 걸로 아는데 그 당시에 큰사랑이 있었고, 또 마구간이 있었어요. 그때는 할아버지께서 말을 타고 다녔어요. 아주 옛날 고택 형태는 지금 우리가 보존을 못하고 있지만 사당은 아직 모시고 있어요.

마을이 간직한 '보물 같은' 문화재

제가 모시고 있는 사당 18대조 할아버지 교서가 있습니다. 그 교서가 보물로 지정되어 있고. 또 재종 8대조 되는, 휘가 '의'자 '조'자인데, 이 할아버지께서 가례증해 관혼상제의 예법을 전국에 보급시키기 위해 목판으로 했습니다. 관혼상제의 예법, 이게 4례죠. 요걸 목판에 해가지고 그땐 책으로 밀고 했는데, 요걸 국역으로 해가지고 초등학교 앞에 '숭례각'에 보관되어 있습니다. 그 매수는 475매. 이 목판이 지방 문화재로 지정되어 있어요. 문화재가 세 점이나 되어 있으니까, 이 동네에 사는 우리의 일가로서는 자부심, 자긍심이 있습니다. 목판은 참 과학적으로 보존해야하는데, 예를 들면 온도나 습도를 맞추고 또 병충해도 방지해야 합니다. 한 가지는 또 우리가 이걸 잘 보존해야하는 어려움도 있습니다.

스님이 알려 준 '조선 8대 명당'

저희 김천지방에 입향조 되시는 할아버지가 말하자면 19대조가 되는데, 연성부원군을 지내셨는데 그때에 묘자리 잡을 때 전설로 내려오는 이야기가 있습니다. 그때 19대 할머니가 먼저 돌아가시고, 산소를 어데 잡나 했을 때 고민을 했었지요. 그때 지나가는 스님이 그 얘기를 듣고 묫자리가 좋은 데가 있는데, 이카매 지나가더라 이기라. 그래서 그 스님을 따라서 대덕면과 거창 경계에 있는 '우두령'이란 재까지 따라갔다 이기라. 그래가지고 스님한테 좋은 묫자리가 어데 있냐고 간곡하게 청을 해서 본데가 바로 이 묫자리거든요. 지금 있는 거기가 조선 8대 명당이다. 이제 그런 전설로 남아 있습니다. 그 형국이 금비녀가 떨어진 형국이라고 '금체낙지처'다.

이 할아버지 할머니 산소는 조선 8대 명당이라 카고 소문이 나서 전국에 있는 풍수지리학자들이 탐방을 오고, 조사를 오고 있습니다.

최씨담 이야기

이 할아버지가 제 13대조 되는데, 그 당시에 혼인 전에 혼약을 해놓고, 신행 전에 임진왜란이 일어났어요. 그래서 이 할머니가 친정인 김천에 '하로'라는 데가 있는데, 이쪽으로 시집을 오기로 돼 있는데 신행 전에 난이 일어났으니, 나는 죽더라도 시가에 가 죽겠다 하고 시가 쪽으로 왔다네. 오니까 우리 할아버지는 그때 여기서 한 30리 떨어진 용호리라는 산중으로 피난을 가셨어. 그니까 산중으로 찾아 오시다가 왜구가 산까지 쳐들어 오는거야. 그래서 이 할머니가 산중에 있는 못에 투신을 했어요. 그리고 난이 평정되고 나서 할아버지가 정자를 짓고 할머니를 기리게 했어요. 그래가지고 연못을 짓고 후세에 '최씨담'이라고 그랬대요.

또 여기 연못에 동상을 두 개 해놨잖아요. 그 당시 할머니 뒤를 따르던 '석이'라는 여종이 있었어요. 주인마님이 연못에 빠지니까 여종이 주인을 따라 못에 또 투신했어요. 그래가지고 하나는 할머니 못, 또 하나는 종에 대한 못, 두 개를 만들었다는 이야기가 있어요. 또 다른 이야기는 천지일월, 하늘과 땅 사이에 해와 달이 있다, 그래가지고 두 개를 만들었다는 얘기도 있어요.

또 열녀각 앞에 돌비석이 하나 세워져있어요. 이게 '충성스러운 노비, 석이의 비다' 해가지고 '충노석이지비'라고 되어 있어요. 1975년도에 못 준설 작업을 했었어요. 그때 비석이 발견 됐어요. 옛날에 비석은 만들어 놓긴 놨는데, 당시는 양반과 상놈의 격차가 심했잖아요. 여종의 충성심을 찬양하기 위해가지고 비석을 만들어놓고 차마 세우지는 못하고 못에 집어 던져 놨다가, 1975년도에 발견되어서 고 앞에 세우게 되었어요.

그림 같은 10경을 품고 있는 방초정

방초정의 구조가 문을 펼쳐 걸면 사방이 탁 트여서 마루하고 연결이 되잖아요. 겨울에 문을 닫으면 온돌방이 되어서 거처도 하고. 그래가 후학들을 가르치고 또 글도 짓고 그래가 강학지소, 학문을 연마하는 장소가 되었어요. 또 한편으론 손님들이 찾아오는 교류의 장소가 되었었죠. 지방 문화재로 지정되어 있다가 2019년에 보물로도 승격이 됐습니다.

'관동8경'이나 '소상8경' 같은 유명한 곳의 경치는 뚝뚝 떨어져 있잖아요. 근데 여기 방초정에 편액이 걸려 있잖아요. 이 방초정에서는 한 자리에서 돌아가면서 10경, 열개 소의 경치가 나옵니다. 방초정 10경이 뭐냐면, 일대감호, 십리장정, 송잠칠경, 금오조운, 굴대단풍, 우평목적, 나담어화, 이상발륜, 수도모설입니다. 그걸 돌아가면서 보면 자연경치가 딱딱 맞아 들어가요. 방초정 10경이 그림같이 펼쳐진 마을인거죠.

모든 예법은 방초정에 가 물어보라

저의 종 8대조 되시는 할아버지가 가례증해를 전국에 똑같이 표준화 시켜서 가례증해 목판을 했어요. 인근에서 '모든 예법은 방초정에 가 물어보라' 이런 얘기가 내려오고 있거든요. 뭐냐하면은 성산 이씨, 은진 송씨, 각 성씨가 있지만은 우리 '연안 이가'를 참 예법이 살아있는 가문이다, 예를 중시한다 해가지고 저도 조금 제약을 받지요. 내가 행동을 조금 소홀하게 되만 욕을 얻어먹지 않겠나 싶어서 매사에 조심을 해야 합니다. 자손들이 우리 할아버지가 관혼상제의 예법을 전국에 보급시키려 이만큼 노력했다는 것을 알아야 합니다.

'더 붓도 안하고 더 줄도 안하는' 안샘

이 마을의 형국은 연꽃이 떠있는 연화부수형의 형국인데, 앞에 보면 감천이 흐르잖아요. 감천하고 요쪽에 보면 황계천이라고, 상좌원리와 상원리를 경계로 내가 흐르잖아요. 그라만 양쪽으로 내가 있잖아요. 이장의 동생, 집 뒤에 바로 큰 안샘이 있어요. 그게 연꽃의 중심부에 해당돼. 이 안샘은 가물 때도 물이 안 떨어져. 그래가지고 각 가정마다 샘이 있었지만은 이 동네에서 전부 다 안샘 물을 많이 이용했거든. 그래가 전부 다 집결하고 그랬어요. 지금도 물이 안 마르지. 지금도 큰 모타로 그걸 하루 종일 퍼도 수위는 똑같애요. 물이 더 붓도 안하고 매 그냥 똑같애. 내가 저거를 사흘 밤낮을 퍼봤어. 그래도 고대로야. 여튼 그 샘은 비가 많이 와도 매나 그냥이더라고. 더 붓도 안하고 더 줄도 안하고 그래.

• 외부

• 내부

• 사당

'농사는 사람이 원칙이지'

김용득 | 1957년생

용호리에서 2남 1녀 중 둘째로 태어났다.
11년 정도 서울, 대구, 안양, 부산 등지를 다니며
배관, 직물, 조선소 등 다양한 일을 했다.
1982년 귀향하여 현재까지 농사를 짓고 있다.

| 생애 |

그때는 맹 타향에 돌아댕깄지

태어난 고향은 구성면 용호리, 옛날에 복호동 카던 대라여. 옛날에는 그기가 피난처라. 그때 그래가 살았지. 부모님은 옛날에 농사 졌었지. 2남 1녀였는데 어린 시절에는 거서 국민학교만 댕깄지. 우리는 입천국민학교 다녔는데 지금 폐교되고 없어. 그러고 졸업하고 나와서 그때는 맹 타향에 돌아댕깄지. 한 열다섯 살 때부터 나왔지. 돈 번다고 나갔는데 돈 벌 때도 없고, 맨날 입만 먹고 살았지. 그때 처음 대구로 갔다가 한 2년 있다가 또 서울로 갔어. 경기도 안양에서 또 한 7년 살았는가 몰라. 그라다가 또 대구 가서 한 1년인가 살다가 부산 가서 한 2, 3년인가 살았을 거야. 그래가지고 그 길로 다시 용호로 들어왔지. 안양에서는 배관 했고, 대구 가서는 직물, 베 짜는 데 좀 있다가, 부산 가가지고 조선소 2, 3년 했다가, 그 질길로 촌에 들어가지고 계속 농사 짓지. 그기 내가 한 스물여섯 살 때인가 그때 시골에 들어왔지 싶어. 돌아다녀 봤자 돈도 안 되고, 월급재이 생활 할라카이 맨날 그래서 시골 와서 그때부터 농사 짓지.

친구소개로 만난 아내

그때 엄마 아부지 있었지. 형은 대구서 있었고, 동생은 촌에서 고등학교 졸업하고 돈 벌로 나갔지. 여동생은 서울 있다가 지금은 파주로 이사갔지. 나 들어왔을 때는 엄마 아부지 농사 짓다가, 아부지 돌아가시고 엄마 혼자 있다가, 내가 계속 농사 짓다가 이리 이사 왔지. 아버지가 환갑 때 돌아가셨어. 엄마는 계속 거 같이 살다가 내가 구성 가고 나서는 엄마도 그 우에 있다가 나중에 나이 많고 함께 내가 구성으로 모셨지. 구성서 돌아가셨지.

　　　우리가 결혼 핸 지가 사십 년이네. 친구 소개로 서울서 만났지. 그때 당시 서울에서 그 사람은 일했지. 서울에 친구 있어가지고 서울 친구가 소개 해줘서 만났지. 김문순, 지금 육십이여. 전북 부안군이 고향인데 소개팅을 해가지고 만나다 본게 왔다 갔다 맨날 한 번씩 만내고 했지. 서울까지 한번 쓱 내가 찾아가고 했었지. 3월 3일, 1993년인가. 결혼식은 김천서 했어. 김천 고려예식장인데 지금은 없어졌어여. 내가 먼저 하자 켔지. 용호서 그때 결혼할 때 나는 스물여섯이고, 거기는 스물한 살이고 그렇지. 딸 둘, 아들 둘. 큰딸이 지금 서른아홉인데, 학교는 방산, 구성초등학교 다녔지. 큰 딸래미하고 작은 딸래미는 저 방산초등학교 댕기다가 거서 3학년인가 댕기다가 이리 왔어. 중학교는 구성중학교. 고등학교는 큰 딸래미는 성의, 또 아들은 금오공고. 큰아들은 김천농고 나왔어요. 지금 출가 다 하고, 큰 딸래미는 대구에 있고, 큰 아들이랑 작은 딸래미는 구미에 있고, 작은 아들은 창원에 있고 그래. 엄마 아빠 생일 때마다 다 오고, 명절 때마다 다 오고. 우리가 또 일손 필요하면은 다 오고 이랬죠.

| 일상 |

농사는 사람으로 해야 돼요
　　　나도 용호서부터 양파 농사를 마이 지었지. 그때 너 마지기쓱 했잖아. 그때는 용호서는 땅이 많이 없으니까 많이 모하고 쪼맨쓱 했지. 지금은 많이 안 합니다, 나도 나이가 많애 가지고. 그때는 삼천 평

사천 평 넘었죠. 여 땅 좋고 토질이 좋고 하니까 잘 되지. 지금은 농한 긴데 인제 바빠집니다. 지금부터는 계속 들로 나가야 되여. 아침에 밭에 나가서 요새는 계속 일을 좀 해야지. 밭에 김도 매야 되고. 요새 5시, 6시 되면 촌에는 일어나지요. 이제 한 바쿠 돌고 오지요. 앞에 요 다 있죠. 비 온다 카니까 어제 오늘 일을 해 났고, 지금 봐서 약을 또 뿌려야 돼요. 입제粒劑를 뿌리면은 올해 시비施肥 끝나는 거지, 봄에서 여름까지. 그라고 또 비료는 비 오면 열흘마다, 이십 일마다 비료를 쳐야 돼. 그거는 문제가 아니고요 작업 할 때가 가장 문제라, 놉이 없어서. 일손이 없어가 맨날 외국 사람들 일손에 할라카이 그것도 힘들고 그래여. 그기 제일 문제라 일손이 없어서. 전부 자동화 아니고 농사는 사람으로 해야 돼요. 전부 다 수동으로, 우리가 사람으로 해야 돼요.

따질 것도 없는 동네

참 좋지요, 이 동네. 어떤 부분이 아니고 따질 것도 없이 다 좋아요. 이 동네 다 같이 마이 어울리제. 우리 이장님들 하고 젊은 사람들은 잘 어울리요. 지금 그 사람들이 칠십 안 쪽이지. 지금 청년회는 없어졌다니까요. 그때 청년회는 마을에 행사 있으면 같이 하고 동민들 같이 어울려서 행사할 때 다 해줬어요.

| 공간 |

여기 와서 2, 3년 뒤 땅 사서 지은 집

29년 전에 저 우에 마드리 카는 데 있어요. 큰 집 사가지고 들어 왔지, 그때 돈 육백만 원. 고서 내가 13년 살았어요. 옛날에는 똑같은 동네고. 1구, 2구, 여기가 3구, 4구 이래 내려 왔어요. 원래 마드리가 지금도 1구라여. 근데 여서는 특별한 인연이 없지. 이제 여 살다 본 게 빈 집이 나오고 내가 여 사가지고 와서 집 짓지. 요 와서 첨에 한 2, 3년 있다가 땅 샀지.

• 외부

• 내부

느릿느릿 걸어 온 외길,
반거치 농사꾼

이존화 | 1941년생

상원리에서 3남 2녀 중 장남으로 태어났다.
구성초등학교, 지례중학교, 성의상고를 졸업하고
1948년 결혼했다. 한때 마을에서 사진관과
유선방송국을 운영하기도 했다. 50년 이력의
양파농사는 인근에서 가장 많은 양을 수확했다.

| 생애 |

반거치라 일이 어리둥절해

　3남 2녀 중에 내가 장남이지. 부모님들 매나 농사일 지어. 나도 중간에 돌아 댕기다가 반거치^{반거충}라 일을 잘 몬한단 말이지. 어리둥절해. 어릴 때 여기서 앞에 개울 얼음 얼면 스케트 타고 날이 따뜻하마 산에 진달래 꺾으러 댕기고 그랬죠. 그라고 초등학교, 중학교, 고등학교는 나가서 했고. 그때는 동네에 사람 많앴지. 이제는 전부 외지에 나가고, 모두 고인 되고. 옛날에는 나갈 때가 없으니께 동네 앉아서 서로 놀고 무슨 술 먹기 내기도 하고 냇물에 가가 횃불로 물고기 잡아가지고 처리하고 재미있었지.

폭격 맞아 '손색이 많은' 종택

　구성국민학교 8회지. 그때는 한 집에 하나, 둘 다 있었으니까. 우리가 국민학교 4학년 때 6·25사변이 났거든. 방청^{방초정} 뒤에 폭격을 마이 맞았고 그래 새로 집을 지었잖아. 그때 인민군이 학교에 주둔을 한께 미군이 학교로 던지는 게 고마 동네로 폭격이 마이 돼쓰요. 그래가지고 새로 집을 모두 짓고 종갓집도 6·25 때문에 맞아 가지고 새로 지은 게 그래. 종택으로서는 좀 손색이 많지. 거기 사당은 고대로 남아 있었고, 앞에 살림집이 불났제. 그래가지고 그때 종손이 임시방편으로 집 지은 게 오늘날 그래. 또 피난 가는 사람은 낙동강까정 갔다 왔죠. 우리는 중간에 가다 말았고 다른 사람들은 낙동강까지 가가지고 고생을 마이 했고. 그때 어른들이 가다 본께 인민군들이 먼저 앞서 가는데 가픈 모하노, 도로 집으루 가자 해가지고 여 한 삼십 리까정 가가지고 밤에

뒤돌아 왔어요. 전쟁 나서도 막내는 태어났고, 피난 갈 적에 다섯 살 먹은 아도 있었고. 그때는 뭐 리어카도 없제, 쌀을 소 짐 메다 가고. 어른들이 양쪽에 메고 가다보믄 끈이 풀어져가지고 고생을 마이 했지. 바빠 놓응께 짐이 풀어져도 하나 거들어 주는 사람이 없어. 우리 그때 여여 김천꺼정 못 나갔제. 왜관 철교를 우리가 아는가. 아무것도 모르지. 그때 모를 심어 놓고 가긴 갔는데 인민군 지들이 토지 분배한다고 남의 땅을 막 뚜드려 가고 그렇게 하다가 인천상륙작전하고 나서는 원상복귀 다 돼 있디야.

'그때는 칠백 명, 지금은 스물일곱 명', 구성국민학교

국민학교 4학년 기억이 학교에 교사校舍 두 군데를 폭격을 맞았는데 그때는 학생들이 참 많았어. 한 칠백 명 정돈데, 지금은 스물일곱 뿐이 안 되야. 구성국민학교를 내가 다녔지. 위치는 고기 그대로지. 새로 건물이 바꼈지, 전두환 때. 옛날 학교는 나무로 판자 중간에 찔렀잖아. 그 중간에 폭격 맞은 거 그거 사진 찍어가지고 정부에서 고치고 그래가지고 한 몇 년간 복구 다 했지. 그때는 자재가 없응께 복구하기 힘들었어.

나락 일곱 섬 주고 1년 농사 지었던 '쌀이 금인' 시절

우리 집안에 어른들이 내가 6학년 때도 집집마다 일꾼들을 다 두구 살았지. 그때 우리네는 이 마을에서 상류층에 드갔어. 지금 보면 인건비도 아니지. 벼 일곱 섬 주고 일 년에 그 농사를 지 주는 기라. 그때는 논밭이나 있응께. 일꾼들을 큰머슴, 꼴머슴 카면서 두고 했었잖아. 큰머슴 캐봐야 나락 일곱 섬. 지금하면 돈도 아니야. 꼴머슴은 나락 몇 말 주고 밥이나 얻어먹으라고. 옛날엔 먹는 기 최고 우선인데 일꾼들 동복 한 벌, 하복은 봄사리카면서 광목廣木으로 옷 한 벌 해주고. 옛날에 다 그래 살아 나왔어. 그래두 머슴 주고 나믄 우리도 나락 케도 반갈림 하는기라. 반틈은 고마 일꾼들 주고, 반틈으로 우리는 생활을 하는 기고. 옛날에 쌀이 고마 금인디. 지금은 쌀이 천해 빠졌잖아.

결혼사진 찍으면 '3일분 일당'

지례중학교 나와서 김천 성의상고 나오고, 고등학교 졸업할 때 4.19가 일어났어요. 그때 우리는 군대를 안 갔어. 한동안 군 병력 많아 가지고 방위로 많이 나갔잖아. 우리 또래가 방위로 간 사람들이 많애여. 뭐 졸업하고 이것저것 하다가 촌에서 사진관도 좀 오래 했지. 그래 하다가 고마 집에 와서 또 농사짓고.

그때는 면 소재지마다 사진관이 다 있었어요. 옛날에 약국도 있고 사진관도 있었고 이발소도 다 있었어요. 성의상고를 졸업하고는 사진관 교습을 했지. 그래가지고 한 20년 넘기 했나. 사진은 그 전에 우리 아부지가 좀 하셨어. 남들은 어데 갈라고 마음 먹었는데 난 그기 맘대로 안 돼고. 옛날엔 사는 게 그랬잖아.

처음으로 카메라로 사진 찍었던 게 고등학교 졸업하고 그때 전부 필름이제. 이래 수건 덮어 쓰고 사진 찍는 거. 동네마다 결혼사진 찍어주고. 화약 푹 터져가 하는 거. 그때 우리 어른이 좀 했어. 농사 지 가면서 부업으로 했어. 그때는 여 동네마다 예식장이 없고, 신부 신랑 초례청에 사모관대 쓰고 마당에서 천막 쳐 놓고 그래 나오믄 노인들이 예식 주례 해가면서 그때가 참 좋았어. 내가 동네마다 가서 찍어 줬지. 내 또래 되는 사람들 장가갈 적에 따라가고, 우인友人들 하고 같이 가믄 거서 술 한 잔 먹고 사진 주고 오고, 돈은 돈대로 받아야지.

　　결혼사진 찍으면 한 네 번 찍거든. 둘이 찍고 또 우인들 찍고 또 사돈 그 집 가족 찍고 하믄 보통 네 번. 그때는 돈 많애요. 그래 그거 한 3일 분 일당 넘어요. 원래 사진은 밑천 얼마 안 드가거든. 옛날에 여 치과하고 사진하고는 밑천 얼마 안 드가요. 원래 이게 한 2할 뿌이 안 드가. 그때 명함판 한 판이 한 오육만 원 넘을끼라. 그때 비쌌어. 그래 결혼사진 한 번 하면 돈 많은 기래. 한 3일 분 나오지.

아버지가 물려 준 '구성사진관'

그거는 면 이름으로 구성사진관, 내가 한 이십 년은 했지. 아버지가 농사 지 가믄서 부업으로 했는 기라. 지금은 주민등록인데 그 전에는 도민증 사진 카믄서 있어. 옛날에 도민증 사진관이라고. 어릴 적에 학교에 가면 우리 아버지가 거 와서 삼발 이렇게 걸쳐가지고 사진 찍고 했어. 내가 또 한 이십 년간 했지. 나도 기본은 농사고.

우리는 신랑 쪽이 델꼬 마이 댕겼잖아. 신랑이 저 신부집으로 가기 때문에 우리를 데리고 가는 기라. 그래 장게 가는 사람이 나 결혼 사진 찍어 주오 하면 갔지. 우인들하고 동행을 하는 기지. 그러면 저 멀리도 갈 수 있고, 여 이웃 동네서 갈 수도 있고. 그때 친구가 무주군서도 항게 거도 함 따라가 봤고. 김천 밖으로 요런 데도 장가를 따라 댕긴거지.

내가 농사도 지야 되고 고마 그래 하다가 막내 동생이 어데 갈 때가 마딱잖아서 사진관 거 몽땅 물려 줬지. 대덕면 요 우에 거도 오래 했지. 그래 하다가 인제 아들 공부 시키고, 아들이 김천서 학원 운영하고. 그래 아들 좀 도와주다가 고마 암이 걸리 가지고 한두 달 전에 작고 했지.

사진 찍으러 오는 게 '설날 행사'

지금 마을 사람들두 다 그렇게 해요. 이름 안 부르고, 사진사 일루 와 봐요 이렇게 하지. 보통 저 밑에 어린 아들은 몰라두 나이 많은 사람들은 그래 마이 통해요. 그때는 취미 반, 영업 반 그랬지.

지금은 전부 해외로 여행 가제. 그때는 아주머이들, 처녀들이 산 밑에 봄놀이 가제. 미나리 사다가 국수 삶아가지고, 그 막걸리 나무통에 받아 놓고 하루종일 술 먹고 놀잖아. 우리가 꼭 같이 가거든 카메라 들고. 그래 사진 빼가지고 돈 받고, 그때 이십 원인가 될꺼라 아마.

그때는 동네에 정자 또 나무 밑에 물가에 전부 히추^{희추:봄가을 야유회} 했지. 히추라 캤어. 그게 논단 말이레, 그때가 참 세월 좋았는데.

이제 산업화가 되가지고 전부 공장으로 가고 그랬는데. 우리 한참 영업할 적에 음력 설 카만 동네마다 처녀가 한 열댓 슥은 다 있었어. 사진 찍으러 오는 게 행사라. 와서 명함 던지고, 그렇게 하다가 뭐 얼마 안 있어서 고마 그게 시내 공장으로 싹 다 나갔잖아. 그때는 동네마다 처녀들이 많앴어요. 그때는 또 밤으루 사진 찍을라면 전기가 있어야제. 그래 밤으로는 촛불로 요래 해가지고 화약으로 터자가 찍고. 참 옛날 말이라. 촛불로 삔트 딱 맞차 놓고는 화약으로 찍잖아. 촛불로 삔트 맞추면 주제를 잘 맞아야 한다.

그때 카메라는 캐논^{Canon}도 있고, 패트리^{PETRI}도 있고, 미놀타^{MINOLTA} 뭐 많지. 또 비싼 거 펜탁스^{PENTAX}도 있었지. 카메라야 그것들 다 잊어 먹고, 이놈의 가게 없애고. 몇 년 전에 갑자기 누가 사진학과를 드갔는데 옛날 카메라를 가지고 공부를 한다고 그런 걸 구하려고 나한테 와서 그때 내한테 있던 걸 줘 버렸죠. 한 너덧 개 되겠제.

유선방송국, 여름에 보리 한 말, 가을에 나락 한 말

옛날에 케이블인가 뭐라, 그때는 유선 방송국이라는 게 있었어. 근데 그거 하다가 좀 밑 봤고. 그때는 설비도 옳케 몬하고 가로수로 이리이리 구리 전선에서 빼가지고 하다 보면, 마이크 있고 집집마다 나무통으로 스피커 해가지고 나오는 거 그것도 몇 년 해보고. 그래 카다가 그때 유선방송은 사무실 차려가지고 했는데 그때부터 하만 여름에 보리 한 말, 가을에 나락 한 말 이래 받고 했잖아. 그래 하다보면 여 노지로 슬 깔아논 게 여름으로 비오고 천둥치면 그게 전류가 흘러가지고 뭐 참 손해도 많이 가고. 구성면에 그기 세 군데가 있었거든. 우리가 소재지를 여 두 블락을 하고, 저 하나 하강 거기서도 하나 하고 또 마사이 골짜기 하고 그래 세 군데가 있었다.

아들 3형제

아들 삼형제 다 출가 했죠. 첫째가 64년생이지, 둘째 거가 72년, 막내가 74년. 여기서 다 크고 자랐지. 대학은 다 다른 데 가서 했고. 구성초등학교 다니다가 고등학교는 김고_{김천고}도 가고 그래. 지금은 다 외지 나가 있지. 큰아는 대구서 식당하고, 둘째는 여 구미서 경찰하고, 또 막내는 엘지 전자 구미에 있지.

양파 원조 동네에서 '양파 내가 제일 많이 했어'

내가 서른 살에 막 만났나? 그때 사진관 했다, 어른들 권유로 대덕면까지 선을 보러 갔지. 그때가 '스물세 살 신재선'하고 나오지. 옛날에 뭐 그런 게 있는가. 어른들이 날 잡아가지고 그래 하는 기지 뭐.

옛날에 광명_{광명리}은 감자였거든요. 김천 사는 분들은 광명이 감자 한 걸 다 알아요. 양파 원조가 우리 마을이래. 그래서 내가 여 들어와서 많이 했제. 내가 우리 동네에서 제일 마이 했으마, 건 김천에서 제일 마이 했는기라. 지금은 광명이 감자를 안 하고 양파를 항께. 지금은 내가 순번 다 뺐겼잖아, 다 뺐깄지. 그래 지금은 큰집 조카도 내 주고. 아들이 마이 하지 말라고, 양파 저거 수확할 때 가면 참 난리가 나거든 예. 원래 농사일은 가족끼리 다 하는 거 아이가.

저 멀리 외지로 나간 건 없지예. 맨날 일도 올케 몬하고, 사진관 해가 완전 논거 아이가. 그래 완전 허송세월했지. 그래가 밑에 동생은 집에 일하고 나는 왔다갔다 하면서 이래 허송세월 많이 보냈어. 그때

우리 오남매가 살라 한께 힘이 들구, 돈은 그래그래 현상 유지 하고. 그래도 농사를 지어야 돈이 되지. 양파하고 고추모종 해가지고 인제 노후대책하고. 옛날에 공부 시킬라 하면 돈 많이 드가잖아요. 농사 지가지고 크게 나오는 기는 없고, 겨우 현상유지는 하고.

| 일상 |

방방곡곡 '마찍하게 댕긴' 산악회

내가 지금 자두 과원에 한 열닷 마지기 되는데 전지^{剪枝} 해 놓은 거 정리하고 인제 파 심을라고 그래. 양파는 내가 수업^{手業}을 할라카이 힘이 들고, 그래 올해부터 고마 막 파로 바까 부렀어예. 그것도 일거리가 만만치 않아예. 지금은 이제 아들은 하지 말라 케도 가만 앉아 있으면 뭘 해. 그래 자꾸 나가서 오늘은 요거 하고 내일은 저거 하고 그래하다 보면 하루해가 또 넘어가지.

옛날에 우리 면에서 산악회를 조성해 가지고 한 20년 간, 전국 방방곡곡 산에 안 가본 데가 없어. 다 가봤어요. 매월 매월 그래 해요. 그래 하다가 고거 만 지가 한 오육 년 됐제. 중간에 젊은 사람끼리 한다 카더만 그래서 그래 느그들끼리 해봐라 카고 나왔디만 그만 깨져부렸어. 어느 모임이든가 정치도 그렇고 빵꾸 내는 놈이 있어. 그 산악회가 한 이십 년간 하다가 고마 무너졌제. 관광을 맨날 버스 타고 정기적으로 마찍하게^{적당하게} 댕깄어요.

집성촌에서 가장 어른

우리 마을이 연안 집성촌으로 옛날 웃대 어른들 모시고 산께. 어른들 시키는 대로 살아 나오고 지금도 별 탈 없이 남허고 싸울 일도 없고. 내 꺼 내 묵을 꺼 농사 지 가지고, 아들 나름대로 공부 가리키고 그래 살지요. 지금 여 면 소재지 있는 동네하고 우리가 전부 일가 집성촌인데 지금 나오는 사람들 중에서는 내가 나이가 제일 많아요.

이제 친구들도 죽고, 동네서 나가고 또 면 소재지 가면 술도 같이 먹구 하는데 구성면에는 식당도 다 망하고. 전부 다 차가 있응께 좋은 데루 가잖아. 우리도 술 한 잔 먹을라고 카면 김천 나가잖아요. 여서 나가면 한 이십 분 걸린께. 전부 모이면 시내서 해야지. 동갑계도 있고, 친구계도 많이 있잖아예. 그라믄 거게 나가서 술 한 잔 하고, 회포도 풀고 그러지요.

요즘 새참은 캔맥주

요즘은 보통 선물루 그걸 사온께, 저 들에서 일하다가 캔맥주 하나면 딱 맞지. 그것두 집에서 하나 보면 버뜩 먹고, 들에서 캔맥주 하나 먹으면 새참 딱 맞아요. 캔맥주를 먹다가 남구지를 모하잖아, 저거 김이 빠져서. 그래 그것두 먹다 보면 한 병 넘어요. 그러니께 내가 병을 안 먹고 캔맥주를 먹는 기라. 마이는 안 먹어예. 이래 집에서 뭐 하면은 캔맥주 하나 가져와 먹고, 안 그라믄 소재지 가서 한 병 사 먹기도 하고 그래여. 우리는 고기도 그리 안 좋아하고 해물하고 나물하고 이래 먹고 살아요.

농사일 더 잘하는 외국 인부

요새 젊은 사람도 정보만 잘 알고 하면은 남한테 돈 구애 안 받고 창업 잘하면 괜찮아여. 요새 창업한 젊은 사람들 1억은 보상을 올리잖아, 소도 멕이고 과원하고 하면. 그래 요새 매출 1억을 올리는 건 잠깐이더라고요. 안 될 때는 안 되는데 과일 좀 하고 소매상하면 1억은 다 올려요. 촌에서도 저만 잘하면 나는 괜찮다고 봐요.

요즘에는 인부들이 없어가지고 농사일은 제일 애를 먹는데, 한참 양파 캘 적에 아주머이 삼십 명씩 델다 놓으만 새참을 잘 주니 못 주니 일은 안하고 그래 쌌는데. 뭐 그런 할마이도 이제는 없응께. 그러이 이제 외국 사람들이 일 잘해요. 전부 다 나이가 젊고, 뭐 돌라 카는 것도 없고, 탁 자기들 시간 맞차서 일해. 우리도 인제 한 삼 년 됐어. 외국 사람들이 전부 다 해여. 한 구만 원 치제. 고것도 버스를 하는 업자가 또 있어. 그래가 업자 하날 잘 접선을 해놔야 해여. 안 그러면 뺏기여. 남한테 안 뺏기야 돼. 하는 일이 여기 다 그래여.

| 공간 |

• 외부

• 내부

달빛 한 칸도 지어야 되는
평생 농사꾼

이대화 | 1958년생

상원리에서 1남 5녀 중 장남으로 태어났다.
3년 정도 부산에서 일했다. 그때 만난 아내와
1978년 결혼하여 귀향했다. 40년째 양파농사를 짓고 있다.

| 생애 |

'아래 우로 어울려서' 놀던 마을

김천시 구성면 상원리에서 났어요. 옛날에는 53번지. 그때 부모님도 전부 다 농사 지었지. 여름에는 학교 운동장에서 놀고, 학교 갔다 오고 나믄은 친구들끼리 깡통차기도 하고 또 자치기도 하고, 여러 가지 많지. 그때는 아래 우로 어울려서 노니까 남자 여자들 합쳐서 한 스무 명 가까이 돼요.

육남매가 방 하나에 살던 집

그때는 초등학교 때고 이러니까는 부모님 일 도와주는 거는 없고, 친구들하고 어울려서 놀다가 심심하믄 외갓집 한 번씩 갔다 오고 그렇지. 지례중학교를 걸어서 다녔지. 요서 한 4킬로니까 1시간, 눈 오고 비 오고 하믄은 버스 타고 다니고. 그때만 해도 돈도 없고 가정 형편이 어려우니까 부득이한 경우 아니고는 걸어서 다녔지. 그라고 1남 5녀 중에 남자가 내 혼자뿐이었으니까 중학교 2학년 때부터는 중고 자전거를 하나 사가꼬 등하교를 했어. 그때는 자전거도 귀했지. 우리는 개구장이질은 별로 안 했고, 학교 갔다 오고 나면은 집에 소 멕이니까 소 풀 베고 심부름 정도 하지. 옛날에는 가정마다 전부 한 마리씩은 다 멕였어요. 소 멕이지 돼지도 멕이고 닭도 있지. 부모들 들에 갔다 오면은 내가 할 수 있는 일은 도와 줬제.

우리 모친은 좀 일찍 돌아가있어. 중학교 2학년 내 열다섯 살 때 돌아가셨는데 그때만 해도 부모가 나이가 젊으니까 혼자 못 살고 재혼을 했지. 아버지는 재혼하고 저 우에 마을 마드리로 올라갔어. 여기는 내가 군대 가고 이랬을 때니까 잠시 비워져가 있었지. 다른 사람들은 전부 다 객지 나갔고. 막내 동생만 마드리로 같이 가서 살았어요. 내가 군대 가기 전까지는 여 있었지. 그때 동생들은 막내밖에 없었지요. 내가 군대 갔다 오고 여 와서 막내 놓기 전에 분가 했으니까. 근데 요기 칸막이가 있었죠. 옛날에는 방이 두 칸이 있었지. 어릴 적에는 여기 한 방에서만 육남매 전부 살았어요.

영도에서 만난 집식구

옛날에 사람들이 이야기를 해서 부산으로 가게 됐어. 중학교 졸업하고 바로 갔지. 거기가 영도다리 바로 전 터라고 했어. 거서 열아홉 살까지 한 2년 몇 개월 살았겠네. 거기서 집식구를 만났어요. 둘이 같이 있었죠. 거기도 매나 여쪽 구성면이 고향이에요. 보니까는 우리 어른하고 장인어른하고 알아요. 집식구하고는 고향 살면서는 서로 몰랐죠. 부산서 알았지. 고기서 점원생활 한 2년 정도 했죠. 한 집에 있다가 같이 정들었지. 그러다 내가 먼저 결혼하자 그랬지. 그래 요기 와서 결혼했지.

여기서 농사 짓고 살겠다고 그러다가 내가 군대 가고 하는 바람에 잠시 천안에 갈라져 있다가 제대하고 나서 바로 같이 내려왔지. 군에 갈 때 부모들하고 같이 있기가 좀 그러니까는 천안 큰집에 있었어요. 우리 백부가 천안에 있거든. 그래서 잠시 얹혀 가지고 직장 생활 하다가 내가 제대하고 바로 내려왔지. 스물둘에 군대 가서 33개월 보름하고 제대했어요.

군대 가기 전에 결혼하고 딸내미 둘은 여기서 놓고 군대 갔다니까. 애들은 1남 2녀. 첫애가 77년생인데 여기 구성초등학교 또 구성중학교 나왔어요. 지금은 구성중학교가 폐교됐어요. 고등학교는 김천으로 다 갔어요.

| 일상 |

천 평으로 시작한 양파농사

우리는 주로 양파농사를 지었지. 그때는 토지가 귀해갔고 한 천 평 가지고 시작을 했지. 처음부터는 잘 못했지. 어른들 밑에서 시키는 것만 하고 그랬었지. 어른들하고 분가하면서 조금씩 조금씩 늘려가면서 양파 농사를 전문적으로 짓게 된 거는 83년쯤이나 됐겠네. 서른 살부터 조금씩 늘어났죠. 남으면 토지 좀 얻고 그때부터 조금씩 늘리기 시작했죠. 워낙 없이 살다 보니까 없었죠. 양파, 벼 두 가지씩 했는데

노하우라 캐봐야 경험이지. 이제 조금 먹고 살기 개안으니까는 다른 것두 좀 생각하게 되는 거지. 농약이라든지 비료라든지 다른 사람들이 안 하는 거 비싼 것도 좀 해보고. 여러 가지로 조금 여유가 있을 때 다른 것도 생각해 볼 여유가 있지. 그 전에는 먹고 살기 힘들어서 그런 여유가 없었어요. 농약도 인제 간단하지, 다른 사람들 치면은 따라서 사가지고 똑같은 거 치고. 지나고 나니까는 생각을 좀 하게 되는 거지. 그래서 농약방에도 자주 들락거리고 정보도 얻고 여러 가지로 도움이 됐어요.

제초제 대신 호미, 괭이로 짓는 옛날 농사

지금은 농한기 지나서 조금 늦게 일어나는데 젊었을 때는 한 다섯 시 반 정도 되면 일어나요. 그때 딱 나가서 고랑 좀 매고, 한 일곱 시쯤 되면은 밥 먹어요. 옛날에는 제초제가 별로 많이 없었으니까 전부 호미로 하고, 괭이 가지고 했어요. 처음에 우리 농사짓고 할 때는 비닐 멀칭도 안했어요. 그땐 일일이 호미로 전부 밭을 골라냈어.

코로나 일상

요새 코로나 때문에 가도 못하고, 그전에 농한기 때는 어울려서 놀이도 좀 가고, 인근 동네 친구한테도 가서 놀다 오고 그랬는데. 지금은 그것도 잘 안되고 하니까는 우리 처남하고, 사촌 자형하고, 셋집에만 그냥 왔다 갔다 하는 거야. 또 코로나 때문에 목욕도 못 가지. 시장에도 많이 안 가지. 그냥 걷는 거 하고 자전거 타는 거 하고 제한적으로 생활하고 있는 거지.

법 없어도 사는 동네가 여라

우리 마을은 진짜 살기 좋은 마을이죠. 범죄 없는 마을이고 법 없어도 사는 동네가 여라. 우리 여기 생전 가도 대문 안 잠그거든. 그래도 뭐 하나 없어지는 것 없고 인심 좋고 살기 좋지. 이 동네가 집성촌인데 타성이라 캐봐야 전부 다 여기 취객^{사위}들이라. 김 씨, 최 씨. 전부 다 그래.

| 공간 |

• 외부

• 내부

푸른 대나무숲 뒤란을 가진 차※향의 고요,
전남 담양군 담양읍 삼다리 1구 외다마을

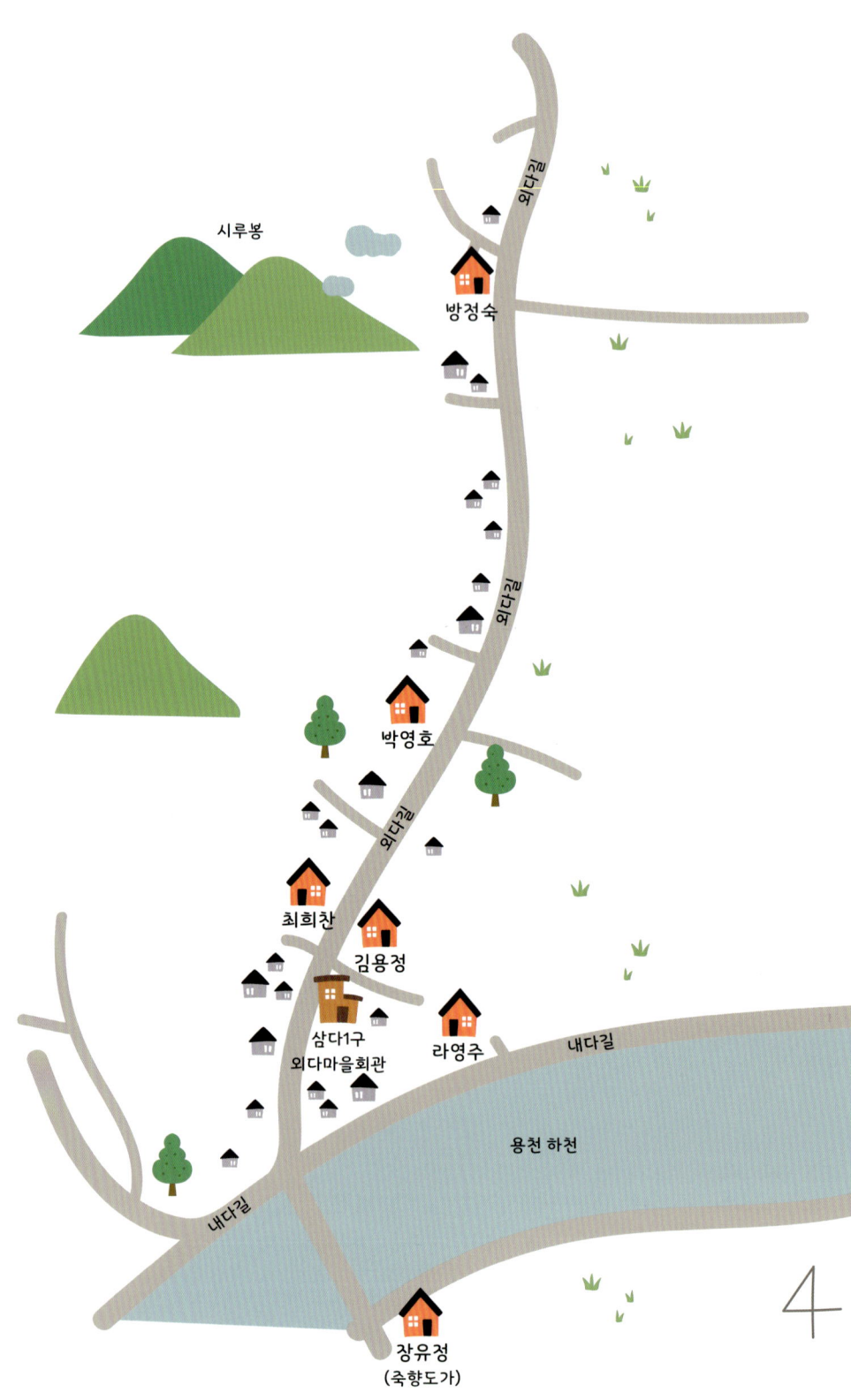

푸른 대나무숲 뒤란을 가진 차茶향의 고요,
전남 담양군 담양읍 삼다리 외다마을

　　삼다리三茶里는 예부터 외다리外茶 동다리東茶 서다리西茶 세 지역을 일컫는 말로 이후 외다는 삼다리 1구로, 동다와 서다는 삼다리2구로 행정구역이 나뉘고 세 지역을 하나로 묶어 '삼다리'라고 명명되어 지금까지 이어지고 있다. 지금부터 5백여 년 전에 '천안 전씨'가 최초로 이곳에 들어와 터를 닦고 자리를 잡았다고 한다. 그 후 '밀양 박씨'가 입향하여 마을은 점차 크게 형성되었다. 동남쪽에 넓은 들과 마을 앞을 흐르는 물줄기는 마을의 번영과 부귀영화를 상징하고 있으며, 외다마을 앞의 4백년 된 당산나무는 당초 입향조인 '천안 전씨'가 입향과 더불어 심은 것으로 추정되는데 마을을 수호하는 상징으로서 해마다 정월 보름날에는 당산제를 지내고 있다.

　　마을 앞에는 전씨 가문에서 물레방아를 설치하여 마을 공동으로 운영토록 희사한 물레방앗간이 있었고, 특히 온 마을 사람들이 가꾸어 왔던 향기 가득한 차茶는 지역의 특산물로써 조정에까지 널리 알려져 급기야는 진상되기도 하였는데 이에 연유하여 마을 이름을 '다전리'라 부르기도 했다.

　　해마다 음력 7월 15일 백중날에는 마을 소유 물레방아 운영권에서 얻어진 임대료米를 받아 한마당 큰 잔치를 베풀어 마을 축제로 승화시켜 주민의 축복과 건강을 빌고 마을 번창을 모두가 함께 기원하였다.

　　2014년 '국가중요농업유산', 2022년 '세계중요농업유산대나무밭'으로 등재된 삼다리는 현재 담양군 중앙부에 위치한 행정, 문화, 교육의 중심지로서 차량으로 20분대 이동 가능한 광주광역시의 생활권으로 최근 인근의 주택단지 개발로 인해 인구가 조금씩 증가하고 있는 추세이다.

(참고: 담양군 마을유래지)

여기가 탯자리,
일상으로 흐르는 소박한 삶

박영호 | 1948년생

삼다리에서 4남 2녀 중 둘째로 태어났다.
우체국 배달부로 시작하여 농협에서
30년 정년을 맞았다. 2005년도에 퇴직하여
오랫동안 마을 이장직을 맡았다.

| 생애 |

여기가 탯자리

　4남 2녀 중에 내가 둘짼데 옛날에는 그냥 농사 졌재. 어렸을 때는 연탄 사기도 힘들어서 나무하러 많이 다녔는디 가지가 있는 나무가 없었어. 하도 떼 버리니깐 산에 나무가 적었어. 그래서 나 어렸을 때는 멀리 다니고 그랬지. 여기서 한 10키로 안됐나. 그때는 전부 다 비포장이고 걸어서 다녔제.

　담양에는 동국민학교도 있고, 남국민학교도 있었어요. 원래 담양 남국민학교는 일제 때 일본 놈들이 지은 학교에요. 동국민학교는 우리 한국인들만 다니는 학교였거든. 근데 여기가 구역이 당초엔 담양군 월산면이어서 월산국민학교에 학군이 되갖고 다녔었어. 근데 우리는 앞에 한 2년 전부터서 담양으로 다녔지. 우리가 해방되고 바로 태어난 세대라 사람이 많애. 애기들이 많았잖아요. 그래가지고 동국민학교는 접수를 조까 늦게 하니까 사람이 차부러가지고 남국민학교로 가게 된 것이지. 그때 남국민학교는 다 받아줬으니까. 한 반에 70명도 더 됐었어. 두 반 있었지. 그때 동국민학교에는 한 학년에 다섯 반, 여섯 반이 되었지. 또 중학교는 담양에 있는 담양중학교 다녔제.

한국전력 견습공 6개월

　내가 그 당시에 더 이상 학교를 안가도 되것대. 내가 학교를 인자 안 가부렀어. 내가 안 가부리고 본게 나중에 안 되겠어. 또 갈라고도 했는데 그때는 여건이 안 맞드만. 안 맞어갖고 못가고 취직을 해야겠다 했는데. 그때는 일자리가 없었잖아요.

내가 열여덟인가 열아홉인가 됐을 거예요. 한국전력, 한전 견습공으로 한 6개월 다녔어요. 근데 거기 다닐 때 당시에는 전부 다 인력으로 하기 때문에 덩치는 적고 무거운 것을 이 전신주에서 받고 이럴라면 못 허겠더라고. 그래갖고 빨리 나와부렀지. 그러다가 집에서 놀면서 농사 짓는데 돕고 하다가 군대를 갔제. 군대도 내가 좀 몸이 협소해가지고 빨리 갈라고 했는데 빨리 못 갔어요. 군대를 스물두 살 때인가 그때 갔을 거야. 남들은 스무 살 되면 다 갔는데 그렇게 됐제. 좀 늦게 71년도인가 그때 제대를 했어요.

우체국 배달부에서 '부러웠던 농협직원'으로

제대를 하고 집에 있다가 담양 우체국 배달부로 들어갔어. 좀 다니다보니까 그 당시 체신부에서 일부 보험업무가 농협으로 이관이 되었어. 77년 1월 1일자로 이관이 됐었어요. 그래서 내가 농협으로 들어왔제. 원래 내가 우체국 안 들어갔을 때도 농협 직원이 나오면 사람들이 이렇게 막 하더라고. 그게 부러워했었거든. 그러고 농촌기술센타, 옛날에는 지도소였거든. 그 직원도 뭐 좋더라구. 그거를 꿈을 꿨는데 다행히 넘어와 갖고 농협생활을 한 30년하고 정리를 했제. 내가 생년월일이 빠르기 때문에 2005년도 6월 30일자로 정년퇴임을 했지.

첫 월급 2만3천원

농협에 막 넘어오니까 2만3천원인가, 그 당시는 내 월급도 계속 나오는 건 아니야. 매달 나오는 게 아니라 여건이 좋아가지고 생기면 주고 이런 식이었어. 쉽게 말해서 농협의 초창기라 그랬거든요. 옛날에는 농협 말고 다른 데도 그랬을 거예요. 근데 그건 보나스는 없드만. 원래 그 당시에 정기 보너스를 300프로를 준다고 그러드만. 근데 모든 여건이 빈약하기 때문에 그 돈도 우리가 받는 게 아니야.

그 당시에 비료하고 양곡 보관, 그것이 상당히 큰 사업이었거든. 그리고 예금이나 대출은 아주 빈약했고. 지금은 약도 좋고 전부 다 머리도 좋고 기술도 좋아갖고 보관업무가 수월헌디 그 당시는 초창기니까 창고 같은 경우도 어쩌 보관 잘못허고 벌레가 들어가지고 뜨게 되면은 그게 바금이라고 생기지. 고놈 정리한다고 보너스로 그걸 우리 줬던 그런 시절도 있었어. 지금은 그런 건 절대 없대.

젊어서는 '따글따글'했던 외모

스물아홉 살 때 결혼을 했어요. 중매결혼 했죠. 바로 내가 결혼하고 농협 들어갔제. 장성군 북하면이 거기 고향인디 선은 거 가서 봤죠. 56년생, 나하고 여덟 살 차이 나. 그때는 내가 모든 것이 따글따글해가지고 나이가 안 먹게 보였지. 옛날에 따글따글 했제. 그때 인연이 된 게 이렇게 된 것이제. 인자 마음에 들고, 또 중매하는 사람 이야기도 참고하고 그래서 다시 한 번 더 장성읍에서 만났제. 그 당시에 우리 집안도 촌에서는 아주 큰 부자는 아니라도 좀 산 편이었지. 거기는 별 일 안하고 가정 도와주고 그렇게 지냈제. 예식은 담양에서 했제. 데이트도 별로 할 시간이 없었고, 결혼 바로 했제.

결혼 3년 만에 산 집

이 집으로 바로 온 것이 아니라 당시 내가 직장이 담양 무정면이라고 무정농협에 가 있었어. 무정면 거기서 한 1년인가 살았제. 거기 살면서 이 집을 사가지고 바로 와부렀제. 결혼하고 한 3년인가 그렇게 됐

겠제. 원래 헌집이었는데 내가 고쳤지. 이짝에가 변소간이 있더만, 변소간을 내가 떼버렸어요. 앞에 나와서 보기 싫다고 뜯어불고 없애 버렸제.

    우린 1남 2녀인데 우리 애들은 학교를 여기서 다 다녔지. 여기서 전체를 다 다녔다고. 창평고등학교 다니고, 대학교는 하나는 광주에 댕기고, 막둥이는 인천서 다니고. 지금 큰 딸은 시흥 살고, 아들은 광주 살고 있어.

| 일상 |

당산제를 위한 금기의 시간, 3일

내가 이장헐 때는 3일 동안은 음식 가리고, 비린 거 안 먹고. 그러고 화장실 가는 것도 상당히 가렸어. 예를 들어 적은 거 나올 때는 꼭 손을 씻고, 큰 거 나올 때는 목욕을 허고 그렇게 했었어요. 근데 지금은 어떻게 할란가. 앞에 한 사람이 어떻게 했는가 몰라도 저는 그렇게 했

거든요, 3일 전부터서. 날씨가 추우면 얼마나 고생입니까. 지금은 따순 물 나오고 한께로 괜찮았는데 옛날에는 물 데워가 할려면 그것도 보통 일 아니죠. 옛날에는 무슨 일 생기면은 당산을 잘 못 모셔서 그런가, 그렇게 이야기 허는 사람들이 많이 있었어요. 지금이야 그런 것이 많이 희석돼서 없잖아요.

물이 많아 '부자 동네'

여기가 다른 마을보다 물이 굉장히 좋다 했어요. 그러고 다른데 보다도 부유히 살았다고 봐야 해요, 물이 좋기 때문에. 마을 들어오기 전에 거기가 둑이 이렇게 쭉 나 있어요. 텃길을 해부러서 지금 물이 안 보이지. 물레방아도 저 밑에 있었는데 정미소를 거기 지었어요. 댐 막은 뒤에부터, 경지정리 헌 뒤부터 물이 안내려온다. 댐을 안 막았으면 물이 내려올 텐디, 댐을 막아불께 물이 많이 안내려와요.

그래도 농사철에는 거기 물이 내려오긴 내려와요. 내려와서 각 앞에 논으로 물이 들어가지. 그러기 때문에 옛날 어르신들이 이야기한 게 뭐냐면 다른 마을에는 쉽게 말해 '노재기'라고 있잖아요. 노재기란 건 뭐이냐, 벼나 이런 걸 쌓아놓은 걸 이야기하는 거거든요. 그것이 논가에 그냥 축축하게 하고 그랬었거든요. 다른 동네에서 부러워하고 그랬죠. 여기 물이 좋아서 그렇다는 거지.

| 공간 |

• 외부

• 내부

유쾌한 농촌의 파동이 키워내는
도시의 손주들

김용정 | 1950년생

삼다리에서 3남 2녀 중 장남으로 태어났다.
1978년 맞선 3개월 만에 결혼했다. 담양경찰서에서
34년 정년을 맞아 2006년 퇴직했다. 부부가 함께
도시에서 맞벌이하는 자식들의 어린 손주들을 돌보고 있다.
손주들은 초등학교 입학을 앞두고 다시 도시로 돌아간다.

| 생애 |

집집마다 '실같이 쪼개서 만든', 수출하는 '죽물'

여기서 태어나서 여기서 자라고 지금까지 살았습니다. 5남매 중에 제가 제일 장남이고, 밑으로 2남 2녀 동생들이 있습니다. 그때는 농사가 많지는 않고 저희 아버님, 어머님이 농사져서 저하고 동생들 가르치고 그렇게 살아왔습니다. 그때 당시 저희 마을에는 기와집이 한 집 있었고, 전부 초가집이었습니다. 어렸을 적에 주민들이 남녀 합쳐서 약 800명이 됐습니다. 이 부락이 옛날에는 참 인구가 많애가지고 추석 명절에는 부락자체 콩쿨대회도 하고 연극도 하고 그랬어요. 옛날 선배님들이 연극할 때 저희도 구경하고 그랬어요.

열세 살부터 집안일을 많이 도왔죠. 그때는 전부 인력으로 노동을 하잖아요. 지게도 그때부터 져보고. 여기 부락에서 옛날에 '죽물', 덩구런 망같이 생긴 바구니를 만들었어요. 그래갖고 그걸 외국으로 수출을 많이 하고. 전부 가내 수공업을 했어요. 대나무를 실같이 쪼개가지고 그걸 엮습니다. 그래가지고 거의 미국으로 수출 갔어요. 농사 지으면서 거기에 많이 의존하고 살았던 부락이에요.

조선사람이 운영하는 동국민학교

저는 중학교 밖에 안다녔어요. 담양읍에 있는 담양중학교. 담양 동국민학교를 나왔어요. 그때 남국민학교는 일제시대에도 있었는데 일본 놈들이 운영했던 학교인거 같아요. 동국민학교는 조선사람들이 운영했고, 제가 동국민학교 52회에요. 중학교는 담양중학교라고 하나 밖에 없었어요. 초등학교는 두 개, 중학교는 오로지 한 개, 고등학교도 한 개. 그때 한 반에 100명이 다 됐어요. 그래갖고 동국민학교 다닐 때도 교실이 부족해서 오전, 오후반으로 나눠서 공부를 했습니다. 그러고 교실도 없어갖고 부대 텐트 쳐 놓은 거 있잖아요. 그런 텐트 속에서 공부했어요. 긍게 비 오면 비가 새고 그랬는데 4학년 때까지 그런 데서 공부를 했어요. 그때는 중학교도 시험 봐서 갔습니다. 합격을 못하면 못가요. 마을에서는 열두 명 또래들이 잘 어울려 잘 다녔습니다. 그 애들 중에 오전반 오후반이 또 나눠져요.

첫 발령, 담양경찰서

군대에 가기 전까지 어머니 아버지 농사일 도와가면서 살았죠. 70년도 1월 30일날 입대를 했어요. 집의 나이론 스물한 살 때 갔죠. 고향에 내려와서 제가 공직생활을 했어요. 담양 경찰서요. 제대하고 있다가 하는 것도 없어서 그냥 모집공고가 있길래 응시해서 들어가게 됐

어요. 76년도 2월 3일자 담양 발령을 받았죠. 경기도 부평종합학교, 경찰교육종합학교에서 4개월을 교육받았어요. 그리고 전남도로 발령 받아가지고, 전남도에서 다시 담양으로 76년도 2월 3일자로 왔어요. 근데 위치가 바뀌었어요. 사거리 동초등학교 바로 앞에가 경찰서였는데 시내에서 좀 벗어나 외곽으로 나갔죠. 제가 거기서 정년퇴직했죠. 2006년도 6월 30일자입니다.

　제가 많이 못 가르쳐도 동생들은 고등학교까지는 마쳤어요. 직장 다니면서 봉급 탄 거 가지고 아버님 어머님 좀 도와드렸죠. 그때 제가 희망을 해갔고 초임을 이리 받았죠. 초임을 일로 받아가지고 다른데 한 군데 가지도 않고 여기서 퇴직을 했어요. 담양에만 있었죠. 중앙파출소에서 좀 근무했고, 금성파출소에서 근무했고, 그 다음 경찰서 내근으로 많이 했죠.

수양다방에서의 맞선

78년도 1월 29일날 결혼을 했습니다. 담양읍에 있는 수양다방에서 선을 봤어요. 55년생 송기순인데, 선보고 한 3개월인가 후에 결혼을 했죠. 양가에서 서로 결정을 해놓고 있었어요. 그때는 직장이 초임이라 바빴어요. 저희 처가가 담양 금성면 외추리입니다. 그때 동생들이 국민학교 다니는 놈도 있었고, 중학교 다니는 애도, 고등학교 다니는 애도 있었어요.

퇴근 시간 없는 순경일

저희들 경찰이 지금은 많이 변화가 왔는데, 옛날엔 퇴근이라는 자체가 없어요. 지금 경찰제도와 그때 경찰제도는 어마하게 다릅니다. 그때는 법규상으로는 퇴근시간이 정해졌지만은 거의 매일 야간 근무

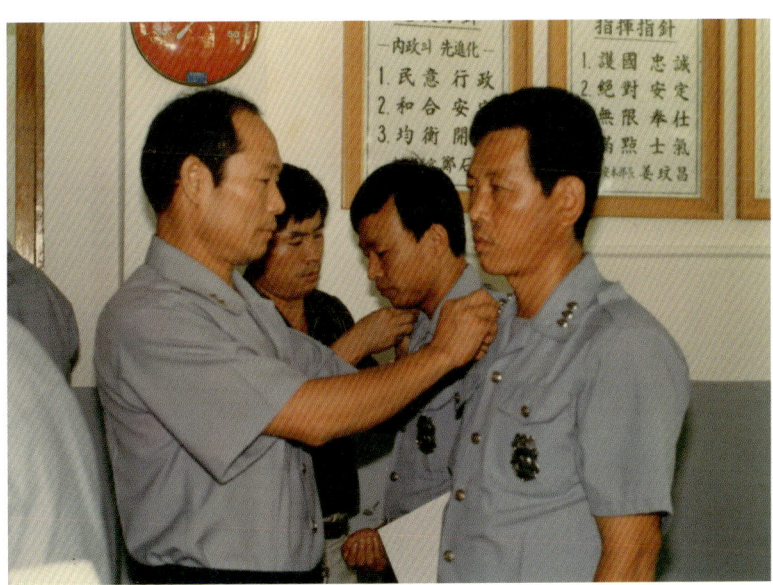

를 해야 해요. 거의 1시, 2시에 들어오는데요. 그렇게 힘들었어요. 지금 사람들은 아무것도 아니에요, 편해요. 제가 직장에 있을 때 저희 부락은 큰 사건이 없었습니다. 그때는 집이 빡빡이 굉장히 많았습니다. 지금에 와서는 인구가 없어지고 빈집이 많이 생기고 그렇죠.

첫 봉급 2만 6천원

내가 첫 봉급을 받으니까 2만 6천원인가 그랬었는데, 그때는 봉급이 제일 적어요. 저희들 들어갔을 때 봉급을 준다는 거시기는 있었는데 내역이 없어요. 선배들 이야기 들으믄 봉급으로 어쩔 때는 쌀 한 말도 주고, 어쩔 때는 돈 몇 푼 주고 마니까 '니는 행복한 놈'이라고 하더라고요. 근데 정기적인 보너스는 1년에 네 번 있었어요. 급여가 2만 6천원이면 한 2만 원 정도씩 추가됐습니다. 그때 우리는 돈 값어치가 엄청나게 달랐죠. 그때는 쌀 한 가마가 3천 얼마밖에 안 갔어요.

| 일상 |

외다마을은 '바깥 차정리'

지금 도로명 주소로 바뀌면서 외다마을이고, 그때는 삼다리 1구. 그리고 또 옛날 어르신들이 부르신 건 차정리, 여기가 '바깥 차정리' 뒷동네가 '안 차정리'. '차정'이라는 것이 어른들한테 들은 이야기로는 일제시대 때 바로 뒷산이 전부 녹차밭이었대요. 자연적인 차밭이라는 의미에서 했는데, 자꾸 이름이 변형되면서 '차전리'에서 '차정리'로 하다 이제는 행정구역으로 '삼다리 1구 외다마을' 이렇게 변경이 되었어요. 이 뒤에 보이는 산이 여기서 한 시간 거리까지 될 겁니다.

　　들판에 냇가가 흘러요. 용천강이 흐르는데 어릴 때 물장구 치고, 고기 잡고 친구들 하고 놀았습니다. 옛날에는 여기 다리가 없었어요. 국민학교 다닐 때 비가 오면은 물을 건너 다녀야 하니까 굉장히 힘들었어요. 비오면 물이 상당히 많이 흘렀거든요. 용천강하고 영산강 상류하고 저희 부락 밑에 가서 만나서 합쳐집니다.

외다마을 당산제 풍경

　　음력으로 1월 마지막 날, 마지막 날 저녁이 아니라 음력 2월 1일 날 새벽이죠. 12시 넘으면 2월 1일로 들어가잖아요. 그때 여기 풍습으로 노는 날이에요. 저희들은 당산제 모시고 부락민들이 모여서 음식 나눠먹거나 집집이 장구 치고 막 놀았어요. 요즘 말해서 농악이죠. 자체적으로 농악하면서 이 부락에 잡신을 쫓네 하면서 집집이 다녔어요. 이제 가면 그 집에서 죽 쒀 주고 술 내놓고 그래가 당산제 모신 날 저녁에는 쭉 먹고 다녔어요.

　　저희 부락이 굉장히 길어요. 저 위에 끝에서부터 농악을 치면서 내려와요. 그래가지고 당산에 와서 제사를 모시고요. 당산제 모실 때는 상당히 길이 엄했어요. 지금하고는 완전히 틀리죠. 당산제 모시는 음식을 장만하잖아요. 냇가에 이렇게 해놨는데 옛날에는 모래밭이에요. 냇가에 모래가 많이 있어요. 그래갖고 한쪽에다 딱 금줄이라고 새끼로 꼬아가지고, 그 새끼도 왼쪽으로 꼽니다. 왼쪽으로 가 우물 퍼가지고 그 물 떠다가 음식을 해야지 아무 물이나 떠다가 안 해요. 그게 제가 직장 다닐 초에도 그렇게 했거든요. 그때 음식 준비 값을 1인당 10원, 20원 해갖고 갹출했습니다. 그래야 건강에 좋다고 그걸 일부러 그렇게 했어요. 그게 하나의 미담이죠. 서로 돕는 의미에서 한 거죠. 지금은 부락에 있는 운영비 가지고 딱 당일날 집행해요. 옛날에는 음식을 하기 위해서 재료를 사오잖아요. 이 분은 밥을 못 먹어요. 화장실에 가거나 하면은 목욕을 해야 돼요. 목욕을 아무 물에나 하는 게 아니라 그 샘물을 떠가 해야 돼 겨울인데. 근데 그 분들 이야기를 들어보면 춥지가 않대요. 긍게 식구가 많은 집에서는 못해요. 그때도 식구가 없이 두 분 사시는 데서 주로 많이 했는데 그 집에도 딴 사람은 들어가도 못해요. 음식하는 그 집에다 금줄 쳐놓고, 그러고 길에 황토 주먹으로 쭉 놔놓고 당산나무 주변에도 금줄 쳐가지고 거기 사람 일절 못 다녀요, 청소 깨끗이 해갖고는. 그때 당시에는 부락 옆에 보면 조그만한 골목길이 있어요. 그리 다녔어요.

    그때는 굉장해요. 집에서 당산제 모신다면 그 집에는 누가 다른 사람이 들어가는 거 못해요. 아직까지는 그런 거 하고 있어요. 그거하

면서 부락 총회가 열리죠. 1년에 한번 정기적인 총회가 열립니다. 우리 인건비도 정하고, 논 가는데 품삯 같은 거 다 자체적으로 정해서 1년씩 그렇게 했죠. 그건 전부 주민들이 정하죠. 외부 사람들은 없어요. 그러고 음식 다 나눠먹고, 그 행사가 상당히 컸어요.

마을을 지켜주는 영험한 당산나무

옛날에는 집에서 출산을 많이 했잖아요. 당산 모시기 전에 출산하는 집이 있으면 다음 달로 넘깁니다. 왜냐면 사람이 죽거나 출산하거나 하면은 피를 보인다 해가지고 좀 안좋다고 해서 그렇게 했대요. 제가 어렸을 때 할머니가 계셨었거든요. 아흔 세 살에 돌아가셨는데 할머니 말씀이 그래요. 옛날에는 소를 훔쳐가지고 당산나무 앞을 지나갔는데 그 사람은 계속가고 있는데 그 나무 근처에만 뱅뱅뱅뱅 하고 돌았다 이거예요. 그런 이야기가 전해지고 있더라구요. 그리고 예전에 월남 파병이 많이 있었잖아요. 저희 부락에서 파병 간 사람들 한명도 안 죽었어요. 그 어르신들이 당산 때문이다. 그래갖고 지금도 당산제를 모시고 있어요. 근데 지금은 상 차릴 거만 딱 하고 간소하죠.

'물레방아로 만든 전기'를 쓰던 마을

지금 도로 가운데가 도랑이었다고, 물이 1년 내내 많이 흘러요. 지금 정미소 그 자리가 물레방아가 있던 도랑인데, 거기 물레방아 없어진 지가 그렇게 오래된 세월은 아니에요. 물레방아 돌리면서 그걸로 부락 자가발전해서 전기도 썼었어요. 물레방아로 방아를 찧으면서 밤 12시까지만 전기를 공급했어요. 마을 전체가 물레방아에서 만든 전기를 썼단 말이죠. 정미소를 부락에서 임대를 줘가지고 그 임대받은 사람이 관리를 했잖아요. 그걸로 부락의 쌀 방아, 밀가루, 보리방아 다 쪄 먹었어, 여기서 다 해서 먹었어요. 지금은 개인 소유로 변경됐습니다.

마을의 배꼽 '모정'

옛날에는 여기 냇가에서 미꾸라지도 잡아서 여러 사람이 같이 끓여서 나눠 먹었어요. 저희들 모정이 세 개 있어요. 지금은 세 군데인데 옛날에는 논 가운데 한 군데 밖에 없었어요. 부락 한 가운데쯤 모정이 어릴 때부터 있었어요. 거기서 많이 모여서 그렇게 해먹고 그랬죠. 샷시는 최근에 했습니다. 옛날에는 남자들만 모정에 있죠. 지금에 와서 여자들이 모정에 나가고, 회관에서 모이고 그러지. 이런 변화가 오기가 제가 알기로는 20년도 안돼요. 저 퇴직할 때까지도 그렇게 못했어요.

마을 수호신, 고인돌과 세 개의 비석

고인돌 가운데가 패여 있잖아요. 어르신들이 옛날 장군들이 지나간 발자국이다 그러는데 우리가 봐도 발자국은 아니잖아요. 지금 봐도 그냥 패여 있는거 뿐이지. 근데 비가 거기도 있고 거기서 좀 더 가면 가운데 비가 하나 서 있어요. 논 가운데에 지금도 비는 있어요. 그리고 제방에도 비가 하나 섰어요. 그게 부락 경계 수호신이다 해가지고 당산제 모시는 날 거기 금줄 다 치고 했습니다. 저 논 쪽으로 조금 나가면 좌측에 있는데 이게 경지 정리가 되면서 장소가 조금 이동이 됐어요. 여기도 바로 이 집 앞에 논 끝에 제방 있는데 섰었는데 저쪽으로 옮겨졌죠. 마을에서 옮긴 거죠. 마을 경계 수호신이다. 저 어릴 때부터 있어 왔죠. 글씨가 씌여진 건 하나도 없어요. 근데 돌만 이렇게 세워졌는데 그걸 굉장히 신성시 했어요.

농촌에서 4년씩 키워 보내는 도시의 손주들

저희는 딸 하나, 아들 둘인데 다 출가했어요. 담양에서 초등학교를 다니다가 학군제가 변경이 되면서, 담양에서는 광주로 학교를 못 나가게 되니까 애들을 광주로 옮겼었죠. 거기서 학교를 다녔죠. 큰 딸은 남양주로 시집갔고, 큰 아들은 광주에 살고 있고, 작은 아들은 나주에 살고 있어요.

지금 우리가 돌보는 애기가 둘째 아들네 딸내미예요. 지금 네 살이에요. 저 수북면에 있는 수북국공립어린이집에 다니는데 거기서 차가 여기까지 옵니다. 큰 딸네 애도 여기서 키워갖고 보냈죠. 지금 가가 중학교 들어간다고 해요. 여기서 한 4년 키웠죠. 여기서 키워가지고 학교 들어갈 때 보냈어요. 학교 들어간다 하면 지 엄마아빠한테 보내야죠.

하루 세 번 서는 '담양 5일장'

여기 담양장이 2일하고 7일, 5일장인데 장이 하루에 세 번 섭니다. 이유가 뭐냐면 새벽에는 우시장이 형성되고, 또 11시쯤 되면 담양 각지에서 만들어서 그날 가지고 나와서 판매하는 죽물시장이 섭니다. 다른 군보다도 그걸로 생계에 많이 보탬이 됐죠. 그게 어느 날 갑자기 나이론 바구니 나오면서 완전히 사양길로 들어 부렀죠. 지금 죽물가게 나오는 거는 거의 중국산입니다. 중국산인데 우리 사람들이 만든 것이 가끔 있습니다. 주로 생활용품으로 쓰는 걸 많이 만들고 있어요. 근데 그 사람들이 돌아가시면 못 만들어요. 그 바구니는 나일론 바구니 하고는 확실히 질이 틀립니다.

'도랑물도 먹었던' 공기 좋은 마을

코로나 때문에 마을이 변화되는 건 없습니다. 저희 부락 사람들은 읍내에 사람 많이 운집헌 데 아니면 마스크 쓰고 다니는 사람이 거의 없습니다. 담양에 특히 공장이 없습니다. 긍게 공기가 굉장히 청정합니다. 첫째는 공장이 없으니까 거기서 배출되는 가스가 없잖아요. 그러고 담양에는 대나무가 많이 있어요. 대나무가 그것을 정화시켜 주고, 산도 있고 소나무도 많으니까 공기가 좋아요. 건강에 제일 좋은 게 공기에요. 그리고 겨울 되면은 물이 굉장히 깨끗해요. 옛날 여기 냇가에 깔린 게 전부 재첩이었어요. 이 도랑물도 겨울에는 전부 음용수로 사용했습니다.

| 공간 |

• 외부

275

• 내부

지금은
'제2의 직업, 제2의 인생'

라영주 | 1953년생

삼다리에서 2남 5녀 중 셋째로 태어났다.
담양중학교를 나와서 인하공대를 졸업했다.
조달청에서 31년 정년을 맞아 2010년 퇴직했다.
2014년 귀향하여 벼농사와 텃밭을 가꾸고 있다.

| 생애 |

소가 재산인 시절

내가 2남 5녀 중에 셋째. 누나들 둘, 여동생 셋에 남동생 하나. 여그 담양이라 대나무가 유명해가 큰 누나는 바구리_{바구니}를 했어. 농사도 좀 도와주고 중학교 때까지는 여기서 같이 쭉 생활했지. 그때는 마을이 전부 초가집이었지. 거의 기와집이 없었던 것 같애. 맨날 초등학교 갔다 오면은 앞에 냇가락이 참 좋았어. 보를 막아가지고 농사를 지었어. 논에 물을 대는데 고가 수심이 깊어서 고기도 많았어. 맨날 갔다 오면 거기서 뛰놀고 자치기나 땅따먹기 허고, 여자들은 고무줄 넘기 허고, 중학교 때까지도 맨 그런 거야.

시골에서는 소가 재산이잖아. 중학교 때부터는 학교 갔다가 오면 무조건 소 풀 멕이야 되고 풀 뜯어야 돼. 풀을 꼴이라고도 허는데, 풀도 한 망태이 해. 볏짚으로 새끼를 꼬아가지고 주머니같이 만든 걸 깔망이라고 망을 해다가 소 먹일 것도 뜯어놔야 돼. 그런 걸 기본적으로 해야 돼. 그때는 비료들이 많이 없잖아. 아버지는 맨날 퇴비 만든다고 바쁘고, 여름에 아침 일찍 가서 막 뜯어다가 지게로 지고 와서 퇴비 만들 때 소변 대변하고 섞어서 만들어 쓰고 했지. 그게 완전히 좋은 거지.

중학교 때까지는 여그서 바글바글 하다가 모두 타지로

중학교꺼지는 여기서 컸어. 이 집에서 먹고 자고 숙식을 다했어. 그러니까 초등학교, 중학교까지는 담동 55회, 담중 21회 졸업했고, 광주로 고등학교를 갔고. 그때부터는 객지라고 히야 되겠지. 광주서 3년간 자취혔어. 부모님이 쌀, 분말, 반찬 좀 만들어주면 고놈 들고 가서

혀 묵고. 고등학교 때는 가끔 토요일, 일요일, 방학 때나 와서 부모님 농사 도와드리는 거 외에는 힘든 거 없었지. 그러고 그때서부터는 마을 친구들도 하나 둘 다 흩어져. 중학교 때까지는 여그서 바글바글 허다가 고등학교도 가고 어디로 다 나가. 그때서부터는 친구들 보기도 힘들어지는 거고. 중학교 고등학교 간 사람 있고 안 간 사람 있고, 타지로 막 이동이 되니까 진짜 명절 때나 오고 그랬제. 그래도 특별한 날에는 오기는 왔제.

대학 졸업 앞두고 돌아가신 아버지

그때 대학교는 서울로 가야 된다고 해서 인하공대 72년도에 들어갔지. 4년제 대학이니까 2년 다니다가 나이가 되니까 영장이 나와. 그때 막 유신 해가지고 74년도에 군대를 가. 병무청에서 오라고 하니까 가야제. 우리는 고등학교 때부터 교련이라는 걸 받았어. 또 대학교에서도 2년 동안 허니께 군대 생활은 2개월 감면해 주더라고. 그때 33개월인가 그랬는데 31개월 정도 허고 제대를 했어. 그래가 76년도 말쯤인가 나와 가지고 77년도 복학을 허고 졸업은 79년도. 2년 다니고 그 다음 해에 졸업식을 했지. 78년도에 졸업고시도 봐야 되고 취직도 헐라니께 여기저기 원서도 넣고 시험 보러도 다니고 그랬지. 근데 78년도에 아버님이 돌아가셨어. 그때 아버지 좀 계셨으면 좋았을 텐디 졸업도 못 허는 상태에서 졸업고사도 못 봤어.

국회사무처가 낫냐, 조달청이 낫냐

그때 78년부터 79년도 초에는 우리나라가 건설이 해외로 많이 나갔어. 한참 붐이 나가지고 사우디아라비아라든가 그쪽으로 많이 갔다고. 그래가 건설회사 가면은 자꾸 해외 나가냐고 물어. 나는 독자고 해외 안 나갈란다. 누나들 여동생들만 있다고 해외 나가는 게 좀 그렇다고 헌께 이 건설업에서는 면접도 안 와. 그러고 시간은 자꾸 가고 취직은 히야겠고, 그래갔고 조달청허고 국회사무처 거기 원서를 넣었어. 처음 국회사무처에서 떨어. 비율이 꽤 높았던데 공대에서 엄청 셌어. 토목직 한 사람인가 뽑는 디 한 100명 왔드라고. 근디 거기서 합격해서 오라고 했지. 근데 또 조달청 특채 시험을 봤어. 그때는 총무처라는 정부 조직이 있었는데 각 기관에서 급허면은 자체서 특채를 허는 경우가 있고 나는 중앙공무원이니까 거기 조달청도 또 합격을 했네. 그래가지고 국회사무처서는 먼저 오라 하는데 거기 가면 조달청 못 갈까 봐. 아는 사람 저그서 국회사무처가 낫냐 조달청이 낫냐. 국회사무처는 워낙 기구도 없고 가봐야 한 달 해 놓고 계속 나가야 승진이 된다고 하는 거야. 자리가 많지 않으니까. 국회사무처는 행정이 많지, 기술직은 그렇게 많이 안 필요로허기 때문에. 그런 얘기를 쭉 듣고 국회사무처에서 오라 그런디 한 3개월간 안 가고 조달청 발령 받기만 바라고 있었지. 결국 내가 79년도 6월 4일 날 조달청 처음 입사를 해. 그리고 2010년 10월 31일날 조달청을 퇴직을 해. 퇴직을 허고 바로 요기 오지 않고 한 3년 SK건설 임원으로 가 있었어. 내가 요기 온 것은 2014년도 3월 14일 자로 전입했어.

동갑내기 부부

우리는 친구들이 소개해가지고 결혼에 골인했어. 나 직장 들어가기 전부터 대학교 때부터 서로 쭉 사귀고 있었지. 내가 군대를 76년도에 제대했잖아 그러니까 내가 군대를 가기 전에 대학교 2학년 때인가 알게 됐어. 그때 친구들허고 무전여행을 갔는데 어떤 사람을 통해서 알게 되갖고 그쪽 친구들하고 우리 친구들하고 많이 모여 다녔잖아. 80년 1월 12일 결혼했어. 이름은 1952년생 이효례인데 연상의 여인이 여. 저기 아버님이 호적에 일찍 올렸네 어쩌네 혔는디 2월 며칠이라 동갑내기나 비슷혀. 전주 고산이라고 서울에 와서 살다 보니까 고등학교 졸업허고 직장 다니면서 우리 친구가 알아가지고 소개했지. 지금 애들은 딸 셋 뿐이여.

유기농 친환경 농사

지금 부모님이 주고 가신 토지 그대로 유지하고 내가 좀 보탰지. 한 2,900평 정도 돼. 그때보다 훨씬 수월하지. 우리는 이 단지가 유기농 단지라 친환경 유기농을 허면 그쪽에서 관리를 해 준다고 혔어. 그래서 거기서 주는 비료가 있고 퇴비가 있어. 고놈 써. 그리고 나머지는 농약도 못 허게 하고 유기농이라 검사해. 벼에서 화학 약품 뭐가 나왔다 그러면은 3년 간, 5년 간 유기농을 못 해. 그래서 철두철미허게 지켜야 되고 그래서 유기농 안 하는 논이 옆에 있으면 굉장히 불안해. 나는 안 했는데 그 사람들이 농약을 해갖고 날라오면 내가 피해를 보잖아요. 직접 헌 것도 없고 상한 것도 없고 그래도 변명혀도 거 나오면은 할 말이 없는 거야. 약을 논두렁 안으로만 요게 해서 요게 칠 수만 있건디. 그 대신 비료는 나눠주니까 고거는 우리가 뿌리야 돼. 이 농사만 가지고 수입을 보면은 작년 같은 경우는 많이 안 나왔어. 작년에는 3분지 1 정도가 줄었드라고. 왜 그랬냐면 벼꽃 올라올 때 비가 계속 오고 바람이 불었어.

제2의 직업, 제2의 인생

　내가 퇴직허면 고향에 온다고 직장 생활을 하면서 늘 생각허고 있었고. 또 농사는 내가 직장 생활을 허니까 세를 주고 임대 비슷허게 쭉 맡겼어. 지금은 제2의 직업이고, 제2의 인생을 살고 있제. 이렇게 와서 돌아올 때 보면은 좀 많이 변했지. 사람 사는 자체도 그렇고 그런 정들이 많이 떨어진다고 봐야 돼. 그리고 기존에 있는 사람은 많이 나가고 새로운 사람들이 들어와. 마을에 30%, 40%가 외지에서 온 사람들이야. 기존 사람들은 하나 둘 사라져. 지킬려고 허는 사람이 별로 없어. 나같이 들어오지를 않아. 나는 정확히 모르겠는데 내 또래는 나밖에 없어.
　초등학교 때, 중학교 때까지는 어머님이 그런 면에서 잘해주셨어. 명절 때 집에 오면은 꼭 상을 크게 차려줘. 친구들 다 와. 위쪽 방에서 놀아, 상 차려놓고 한 11명인가 12명인가 어쨌든 모이면 상을 채려줘. 그러면은 저녁에 모여서 음식 먹고 노래 부르고 놀아. 선배들은 약 오른다고 담 뒤에서 돌도 던지고 했지. 근디 그 동창들이 안차정에는 다섯 명이 있는데, 여기서 원래 사는 사람들은 그렇고 나같이 객지 생활허고 들어온 사람은 없어.

반반하게 물이 차던 마을 도랑

　여기가 논이었는데 제방도 없었어. 큰물 지면 올여름에 물이 저기까지 들어와서 물이 반반하니 찼었어. 그때는 이 제방이 없었어. 이쪽에 제방이 없었고 그냥 논이야. 그냥 사람 다닌 길이었어. 국토관리청에서는 하천 제방을 엄청 높여버리니까 요그서 보면 좀 갑갑허지. 그러니까 우리 집사람 시집오고 뭐 헐 때는 저것도 없고 냇가에 가서 멱 감고 우리 꼬맹이들 놀고 다 그랬거든. 물도 다 깨끗했거든. 우렁하고 다슬기가 여기 엄청 많았었어. 막 줍고 그랬어. 그때는 땜물이 안 내려오고 저런 게 없었으니까. 물이 흘러서 백사장같이 하천에 풀도 많이 없어. 근데 지금 막 소 키워버리지.

| 일상 |

코로나 일상

보통 일어나면 5시 이전에 기상하지만 깜깜허니까 활동은 7시쯤에 해. 요기 닭 있는데 한 번 보고 운동도 좀 하고 둘러보고 밥 먹고 한 10시나 되면은 걸어서 밭으로 해서 뚝방으로 해서 저기 한 바쿠 돌면 1시간이야. 우리 집에서 나가서 밑으로 뚝방 타고 쭉 장성 가는데 쭉 해서 백양사 가는 다리 있어. 이리 한 바쿠 돌면 1시간 되고 또 그냐 안 하면은 논에 가보고 밭에도 가보고 그래.

설 새고 갔다 오면은 봄에 심을 땅콩이라든가 옥수수라든가 이런 거 포트에다 준비 헐라고. 나는 시골에 있으면은 오후에 초등학교 중학교 친구들 불러내. 읍에 가서 동창들이 많으니까 그냥 걸어 가서 얼굴 보고서 차 한 잔 먹고 얘기 쫌 하고. 코로나 때문에 다섯 이상 못 허게 허니께 사람 있으면 에잇 하고 나와.

제일 큰 게 뭐냐면은 사람 모이지 못 허는 거. 모일 수가 없고 같이 대화를 못 하니까 만나질 못 허니까, 지금 우리 동창회 모임도 1년 넘게 못 해. 숫자를 나눠야 돼 어쩔 수 없이 그러니까 이것이 코로나 때문에 웃어른들이나 아래 저기허고 교류할 수 있는 게 없어. 전부 뿔뿔이 답답하고 신체적으로 정신적으로 굉장히 저그 한거지. 그러니까 뚝방을 걷는 사람들이 개중에 많이 있어. 멀리는 못 가고 부부간에 걷는 사람, 아는 사람 두 세 명, 또 여럿이 갈 수도 없고 또 여럿이 간다면 서로 떨어져서 가야되는 거지.

| 공간 |

• 외부

• 내부

3대째 내려오는 술맛의 정석

장유정 | 1958년생

강진군에서 7남매 중 여섯째로 태어났다.
20대에는 광주 시내에서 의상실을 차릴 만큼
솜씨도 좋았고 열정적이었다. 2002년 남편과 함께
외다길로 들어와 '죽향도가'를 운영하고 있다.
초기 '하루 다섯 박스'였던 매출은
현재 '500박스 정도'가 되었다.

| 생애 |

3대째 이어 온 주조장

고향은 전남 강진군 성전면 수양리 370번지고, 부모님들은 농사를 짓구 계셨죠. 여기가 오래된 주조장이에요. 지금 근 60년 되었죠. 새 건물을 지어서 얼마 안 된 거라 보이는데 역사가 있는 주조장이에요. 그때 당시에는 동네 분들이 다 일을 하셨어요. 여기 주조장은 새벽에 일을 하는 데라 동네 분 몇 명이 와서 일을 하셨다고 하더라구요. 그때랑 이름은 똑같애요.

우리 집 아저씨가 사업을 하다가 실패해가지고 지금 주조장이 부도날 지경이 됐었어요. 우리가 지분이 제일 많으니까 부도가 나부리면 많은 사람들이 손해잖아요. 그래서 내 하는 일은 포기하고 우리 집 아저씨 따라서 여기로 왔죠. 친정은 강진이고 시댁은 전라남도 구례군이에요. 우리 아저씨가 35년 전에 여기 주조장 지분을 여섯 목을 사 가지고 오신 것 같애요. 우리 집 아저씨는 선생님도 했었고 보험 회사도 다녔었고 또 주조장도 하셨었지. 원래 어머니, 아버지가 구례에서 주조장을 하고 계셨고, 우리가 지분을 사갖고 왔어요. 우리 집 아저씨가 한 지 35년 된 것 같애요. 저는 한 20년 됐고. 긍께 지금 년수로 따지면은 근 100년이 넘은 것 같애요. 시할아버지부터 시아부지, 우리까지 3대가 하는 거예요.

광주 두레패션

저는 7남매에서 제가 여섯 번째에요. 강진에서 태어나 거기서 좀 살다가 광주 백운동이라는 데로 이사해서 초등학교, 중학교 다녔죠.

저는 의상실을 하고 있었어요. 의상실을 할려면은 학원도 댕겨야 되고 남의 집살이도 해야 되고, 또 자신 있다 허면은 제가 차려서 나와야 되잖아요. 저는 그런 식으로 했어요. 우리 올케언니가 의상실을 하고 계셨는데 올케언니 밑에 있으면서 심부름 하면서 재단도 배워서 스물여덟 살에 차려갖고 나왔죠. 광주 충장동에 '두레패션'이라고 있었어요. 근데 지금은 다 없어졌어요.

사양길에 접어 든 막걸리 사업

남편은 소개를 통해서 만났는데 그때 남편은 보험회사 보상과에 있었어요. 다섯 살 차이가 나는데 그때도 바쁘지만 지금도 바빠요. 대학교 졸업허고 교편생활은 그렇게 많이는 안 했어요. 그때 당시에는 전교조 있어가지고 그게 비위에 안 맞다고 나와갖고 조금 있다가 보상과로 취직이 됐었지. 거그서도 근 10년 하다가 또 삼성생명에 다녔었는데 보상을 잘못 줬다 해가지고 그만두고 할 것이 뭐가 있어요. 부모가 허던 것 이어서 받아야지.

그때 당시에 구례에서 아버지가 일하고 계셨는데 아버지도 나이가 드시고 광주 근교가 가차우니까 구례보다는 담양이 더 좋겠다 허고 이렇게 둘러보는 와중에 주조장이 나와서 사갖고 온거제. 그때부터 했죠. 하다가 막걸리가 계속 사양길이야. 제가 의상실을 하고 있을 때 아저씨가 담양에 가자고 허드라고요. 지금 막걸리가 사양길이어서 힘들다, 근데 나하고 둘이 하면 괜찮데. 지금은 직원들이 많으니까 어려운데 둘이만 하면 가서 밥은 못 먹어도 죽은 묵을 수 있다. 저희가 여기 온 게 2002년 12월 31일이에요.

2002년도에 5박스가 지금은 500박스

우리 아저씨가 10년 정도 운영했지. 지금이니까 막걸리를 조금 드시는데 그때 당시에는 맥주, 소주, 막걸리에 찌들어붕께 막걸리를 안 먹은 거야, 질려부려서. 그러고 시골 사람들은 막걸리보다 맥주가 낫잖아요. 넘 보기에도 맥주가 더 나으니까. 옛날에는 막걸리를 먹었는데 지금은 맥주 먹어, 폼이 나니께 막걸리를 안 드시고 맥주를 드셨어. 그러니까 맥주가 살고 막걸리가 죽어버렸지. 그래갖고 제가 여기 오니까 하루에 다섯 박스가 나가더라구요. 막걸리 다섯 박스 나가는데 무엇을 벌어먹겠어요. 2002년도에 5박스, 1년 지나니까 10박스에서 15박스, 20박스 차츰차츰 해가지고 제가 여기 온 지가 18년 정도 됐거든요. 그때보다는 백 배가 나가 불지, 지금은 500박스 나가니까. 출퇴근하면서 내가 배달을 해야 되니까 고생도 많이 했죠.

담양군 햅쌀로 빚은 죽향도가 막걸리

옛날부터 담양은 죽세품으로 유명해서 '고향 향'자를 붙여서 '죽향'이라고 많이 쓰고 있거든요. 담양에 사니까 담양의 것을 그린다고 해서 '죽향'이라 쓰고 있어요. 그리고 군에서도 그렇게 허가를 내줬어요. 탁주도 있고 소주도 있고 청주도 있고 모주도 있고 그래요. 근데 소주는 숙성이 돼야 맛있거든요. 소주는 시작한 지가 한 5년이 됐는데 올해부터 출품을 해요. 그전에는 탁주만 했죠. 우리 동네에서 농사 진 거, 묵은 쌀이 아니라 햅쌀로 만들어요. 막걸리라는 거는 특별한 레시피를 가지고 하는 음식이 아니고 술이지만 우리는 햅쌀이기 때문에 자부해요. 전부 다 햅쌀 쓴 데는 없어요. 거의 다 묵은 쌀, 수입 쌀 써요. 근데 우리는 담양군 12개 면에서 농사 지은 그해 햅쌀로만 하니까 그게 특별한 거지.

봉화마을로 간 술

지금은 국회의원이 됐는데 그 분이 말해가지고 12년짼가, 봉화마을로 간 술이. 노무현 대통령 돌아가시고 2년 있다가 그 뒤로 우리 술이 올라갔제. 살아계실 때는 니 술이 좋고 내 술이 좋고 한참 이렇게 둘이 계약상으로 이렇게 왔다 갔다 했을 때에요. 그러니까 돌아가셔도 의리가 있는 분이라 지금까지 하고 있어요.

우리 집에서는 만들어 갖고 그쪽에 납품하고, 그쪽 우렁쌀 갖다가 우리가 만들어 가지고 그쪽으로 다시 보내. 그리고 그쪽에서는 판매를 허지. 근께 우리는 판매권이 없제, 만들어주기만 허지. 근데 자꾸만 전화를 해요, 쌀이 좋은데 술이 좋은데 요그서 안 파냐고. 여기 광주 같은 데는 가차우니까. 근디 한번 약속을 했으니까 어길 순 없잖아요.

| 일상 |

가족들이 함께 일하는 일터

우리는 직원이 세 명이고, 가족들이 같이 해요. 막내딸, 조카, 우리 둘 그렇게 네 명이 일해요. 그리고 날일날삯로 데려다 쓴 사람도 있고. 여기는 우리들이 손발을 움직여야 되니까 지금은 일할 사람이 잘 없어요.

아침에 5시 반에 일어나서 1시까지 싹 마무리가 돼요. 그때 술을 굴려가지고 병에 담아 갖고 차에다 싣고 배달 나가요. 1시쯤 되는데 그때쯤 동네 분들은 회관에 가셔가지고 화투도 치고 놀다 가시는데 저는 그럴 시간이 없어요. 나이가 먹고 하루하루가 틀리더라구요. 저는 일 끝나면 잠 한숨 자고 목욕탕에 가요. 목욕탕에 가서 한 두 시간 있다 보면 뭐 할 시간이 없어. 하루가 딱 맞아요.

이익을 좀 못봐도 남의 건강을 위해서 하자

　명절 때면 그래도 제가 사업을 하니까 막걸리 한 병이라도 같이 나눠 먹자 해서 동네 분들한테 베풀고 있어요. 우리는 동네 분들한테 도움 준 것도 없는데 사업을 하고 있기 때문에 우리 막걸리라도 동네 분들한테 몇 병 드리고 있죠. 연매출은 좀 많아요. 한 8억 정도 되는데 시골치고는 많다 하더라고요. 근데 남은 거는 없어요. 왜냐면은 비싼 재료를 써 부니까. 우리 '대대포'는 유기농 쌀이고, '죽향'이란 술은 일반 쌀이에요. 근데 둘 다 햅쌀을 써요. 우리집 아저씨가 그거는 있더라구요. 내가 이익을 조금 못 보고 고생을 해도 남의 건강을 위해서 하자, 그러면 언젠가는 내 자식들이 복을 받을 것이다. 그 말이 감사하잖아요. 우리 집 아저씨 그런 거는 존경을 해요.

| 공간 |

• 주조장

혼자서 짓는 500평 유기농 농사

최희찬 | 1948년생

장성군에서 외동아들로 태어나 여섯 살 때
어머니의 고향인 담양으로 왔다. 담양중학교와
담양고등학교를 졸업하고 1977년 결혼했다.
동양강재에서 23년간 근무하면서 농사일을 병행해왔다.

| 생애 |

여섯 살 때 온 어머니 고향

고향은 장성이고, 어머니는 장성 있다 요리 오셔 갖고 요기서 장사를 해 갖고 먹고 살았제. 옛날에는 바구리_{바구니} 장사니 여기서 뭘 띠어다 가서 팔기도 허고, 그러면 거 팔고 돌아다니면 한 달 만에도 오시고 보름 만에도 오시고 그러제. 그래가지고 그거 몇 년 하시더만 장사를 그만 두고 농사를 짓기 시작했제.

우리도 여섯 살 묵어서 여기를 왔거든 그러니까 여기 와서 산 지가 69년. 나는 아버지 얼굴도 못 보고 큰 사람이야. 할머니 얼굴은 알제. 그때 형제들이 많았는데 6·25 때 동생하고 나하고만 여기 와서 크고, 그 뒤에는 아버지 거시기는 몰라. 할머니는 장성을 계시다 이게 한 번을 오신 일이 있어. 그거는 내가 기억을 허는데 그 외에는 기억도 못 허고 그러니까 어머니가 장성으로 시집을 갔제.

여기가 우리 외갓집 동네야. 어머니는 혼자 되시고 어디 갈 데 없으니까 요리 와서 외할아버지허고 외할머니 밑에서 우리가 컸제. 그래가지고 여기 와서 살림 장만허고, 우리도 이기서 학교를 다녔제.

여섯 명만 들어간 남국민학교

그때 당시 우리가 와서 몇 년 있다가 담양 남초등학교로 입학을 했어. 그때 동초를 간 사람과 남초를 간 사람을 합해서 마을에서 전부 18명인가 되아. 우리 선배들은 월산 초등학교로 다녔어. 우리부터 요리 담양으로 와서 동초등학교로 갔으면 했는데 이상하게 여섯이만 남초교로 가갖고 거기서 졸업하고 각자 중학교 갈 사람은 가고 고등학교

갈 사람은 가고 그랬제. 우리는 남초등학교 14회지. 옛날에는 국민학교로 불렀거든. 걸어서 다녔는데 그때 애기들이라 걸음빨이 빠르니까 30분에 갈 때 있고, 장마 들때면 한 40분도 걸리고 빨리 가면 20분도 걸리고 그려.

죽제품 안하는 한가한 겨울

우리가 학교를 댕기는 무렵에는 장사를 안 하셨지. 그때 동네에서는 죽제품을 다들 집집마다 했는데, 우리는 어머니 안 계시고 동생하고 나하고 있는데 거 만들 수는 없는 일이제. 사람이 없응께 우리는 집에서는 만들덜 안 했어. 그러구 만들 사람은 만들고 우리는 우리대로 죽제품을 안 만든께 겨울에는 한가해 불지. 우리 어려서 농사 지면 새 보러 댕기니라고 또 힘들고. 너무 어려서 고놈 새 보면 날라당겼어.

그러면 새를 잡으로 갔다고 혼도 나고, 그때는 일삼아서 새를 쫓아 당겼제.

도랑 막아 물을 대던 시절

외가집이 지금도 계속 거 있당께. 집들이 없어질 건 없어지고 새로 건축해서 진 사람은 짓고 그렇제. 어머니 계셨을 때는 아무래도 농사가 많으니까 모 심을 때 인부 쓰기가 힘들어. 한 판에 30명 40명썩 들이다 쓸라면은 겁나게 힘드니까. 그 모내기 때가 제일 문제여. 그러다 기계 나와 불고 뭐도 긍께롱 편해 농사짓고 그러제.

어머니 혼자 계신께 학교 갔다 오면 농사일도 도와야 하고, 그때는 농사일 도우러 논에도 돌아 댕기고 물도 대러 돌아 댕기고. 옛날에는 땜물이 없응께. 전부 보로 막아도 수로로도 내려와. 가물 때는 또 그것도 아니야. 저녁이 돼야 물 품어놓으면 막아서 댈라고 그러면 힘들 때가 있어. 도랑을 막아서 물을 대니까, 보에서 내려오는 물을 막아서. 고것도 없으면 양수 작업을 해서 내려와. 양수 작업을 해서 내려오면 저녁내 돼봐야 얼마 대도 못혀. 그때는 물들이 히푸니까. 지금 물길이 넓고 그러제. 그러고 나서 경지 정리하고 나서 한 때는 물대기가 힘들었는디 지금은 양수기를 품어서 와 부니까 옛날보다 편해지지.

그땐 공부에 취미가 없었제

국민학교 졸업하고 담양중학교, 담양고등학교 나왔고. 국민학교는 16, 17명인가 되제, 양쪽에 다니는 학생들이. 중학교는 한 절반이나 다녔을까, 고등학교 다닌 사람은 이 부락에서 및 안 됐고. 그때 전부 다 걸어다니제. 겨울에 학교 다니다 추우면 저 양강 내려가는 그게 있어, 논 밑으로 내려가는 게 있어. 내려가면 아무래도 바람이 안 부니까 덜 춥제. 그땐 공부에 취미가 없었제. 그때는 누구나 억지로 학교를 다니더라.

농사 지으면서 다닌 월산지서 방위 6개월

독자라 군대는 방위로 다니게 됐지. 방위 6개월 받았나. 옛날에는 지서라고 있어. 파출서가 지서예요. 난 월산지서에 다녔제.

6개월 방위를 다님서도 농사를 지었으니까. 낮에는 집에 있고 밤에만 나가서 근무를 했으니까. 거기서 근무하고 와서 농사도 짓고 겨울에는 놀고 여름에는 농사짓고. 그러고는 별 거시기는 없었제. 그전에는 여기가 담양읍이 아니라 월산면이야. 담양읍이 적다고 그래서 담양읍 변두리를 전부 읍으로 소속을 했제. 우리 어려서는 주로 월산 가서 행정일이나 뭐이나 거 가서 다 했제. 세금도 그전에는 월산면으로 가서 내고 그런 시절이 있었제. 그다음 읍으로 편입됭께 편해졌고.

수북에서 시집 온 띠동갑 아내

결혼은 내가 서른 살 땐 게 77년도, 그땐 중매로 만났제. 마누라는 나보다 생일이 겁나게 늦제, 호적으로는 58년생. 나는 올해 48년생이고. 수북에서 시집와서 아들만 서이. 우리 큰놈이 78년생인께 생각해 보면 알겠구만 1년 뒤에 가서 낳았응게.

동양강재 23년

동양강재에 한 이십 몇 년 다녔제. 지금은 그것이 금성 농공단지로 내려갔어. 우연찮게 아는 사람 소개로 들어갔다가 한 23년인가 다녔어. 오래 다녔제. 생산직에 있으니까 나중에는 허리가 아퍼서 뭐도 그래, 그 다님서 농사 짐선 그러다 65세나 돼야 그만 두었응게. 지금 그만둔 지는 한 12년 된 것 같네.

두 집 살림을 했제

어머니 광주 가 있을 때는 애기들은 광주서 학교를 다녔고 그러다가 어머니 돌아가시고 집사람이 광주서 일을 했어, 나는 여가 있고. 집사람이 그 일을 다님서 요기도 와. 한 해 농사 진 거 월급에서 주고 그러고 보니 돈이 좀 모다지면 그 뒤로는 논 탈려고도^{사려고도} 않고 애기들 거시기 하는데 투자를 많이 했제.

애기들 초등학교는 여기서 다니다가 큰놈은 6학년, 작은놈 4학년, 막내는 2학년 고로코롬 해서 강제로 전학을 시켰제. 광주로 애기들 보낸 뒤에 취직을 했제. 농사만 지어갔고는 애기들 못 가르치니까 취직을 했어. 그러고 나서 어머니 돌아가시고 집 사람이 애기들 거시기 해가 애기들이 주로 담양은 안 오고 일헐 때만 와서 좀 도와주고, 평소 애기들은 광주 살고 우리들은 여기 살고 그랬제. 애기들을 광주로 학교를 보낸다는 목적 하나. 광주에 어머니가 계신께 어머니가 애기들 밥은 다 해주고, 집 사람은 어디 작은데 일 좀 댕긴다고 다니고 그래서 애기들 생활비도 벌어두고. 나 월급 받은 것은 어머니 생활비 허고, 어머니 생활비에서 애기들 용돈 다 주지. 그러고 우리는 농사 짓고 그렇게 인자 살기가 좀 편했제. 그 대신 일은 더 고되제. 회사 갔다 와서 농사지어야 되고.

| 일상 |

집사람은 아직 출근 중

요즘은 할 일이 없응게 아침에 테레비 봐. 테레비 보고 끝나면 그때사 아침에 집사람 출근을 할 때는 같이 먹어야 항께 또 빨리 묵을 때가 있고, 4시 좀 넘어서 묵을 때가 있고, 5시에나 묵을 때도 있고 그랴. 지금은 마누라하고 나하고 막내랑 있지. 청소업체 다니는데 출근은 내가 시켜주다, 인자 막내가 놀고 있응께 막내가 아침 저녁으로 출퇴근을 시키제. 그리 안 하면 나 혼자 밥 먹고 잡으면 먹고 싫으면 말은 게. 그때 같이 인나서 잠은 그 안에 깨제, 2시나 3시나 잠을 깨. 그 일을 한 지가 올해 3년째인가 4년째인가 모르겄는데 생활비에 같이 쓰고 본인 거시기 하다 보면 어째 옛날보다 더 받는데도 별로 저축한 때도 없고. 은행으로 보험인가 뭐인가 한 50만 원 들어가는가. 농촌에 그렇게 해봐야 기곗값으로 다 나가불제. 많이 거시기하면 내 생활비 떨어서 고런 거로 생활비를 하제. 마누라가 번 돈도 차 갖고 댕기니께 쓰기는 많이 써.

당뇨약은 광주에서 타먹제

담양읍에 '김천기 외과' 많이 다니제. 혈압약을 상당히 빨리 먹었어. 혈압약을 빨리 먹었는데, 고놈 먹고 계속 견디다가 작년 어느 땐가 당뇨가 상당히 올라와. 당뇨병 올랑게 고로코롬 물이 씌어. 그마만큼 씌이면 그마만큼 화장실도 자주 돌아당겨. 물을 많이 먹으니까 잠자는 시간도 매만치 않고 그러니까 설잠을 자제. 생전 당뇨병이 없다가 한 2, 3년 전에 당뇨병이 온 게지. 담양서 약을 갖다 묵다가 저혈당으로 두 번인가 119 병원에 실려 갔어. 그래갔고 담양 약을 안 먹고 광주 약을 먹어. 그때부터는 병원에를 안 가고 약만 타서 먹제.

술도 끊고, 담배도 우연찮게 끊고

내가 23년 동안 회사를 다녀부러나서. 회사 끝나고 집에 와서 그때는 혼자라 어디 가서 술도 못 먹고, 긍께 집에 와서 술도 받아놓고 먹고 넘들 하고 술 먹는 시간은 없었제. 그러고 회사에 다님서 19년 동안은 술을 안 마셨어. 19년 동안 술을 안 마시다가 우리 큰 놈 장가 갈라고 날 받아 놓고는 그때부터 술을 먹다가 한 7, 8년 술 먹었나. 그러고는 술이 너무 과해서 끊어불고. 술 마셔도 어디 가서 실수는 않고 그런께. 술 먹으면 저녁에는 일찍 자불고.

그날은 어찌 이상하게 술을 먹고 잡더라고. 며칠 술을 먹응께. 어쩔 때는 한 병 갖고 하루를 사는데, 며칠 고놈을 먹으면 병 반으로 가, 한 병 반을 묵어. 며칠 가면 또 두 병을 가. 그러다 보면 하루 네 병을 먹을 때가 있드만. 하루 네 병을 먹다붕께 나이를 묵고 그런 게 술 먹고 취혀. 네 병을 먹으면 아침에 술이 안 끼야. 안 깨면 아침 먹다 술이 묵어져. 그러다 치과에 가서 이빨을 뺌서 의사가 하는 소리가 그러면 술을 먹지 말라고 그러더라고. 그때부터 술을 안 먹었제. 또 담배도 못 피게 해, 담배 끊을 생각도 안 했는데. 담배를 하루에 네 까치 필 때 있고, 세 까치 필 때 있고. 두 까치 필 때가 있어. 그러다가 담배를 끊자 그러고 보건소로 갔어. 보건소로 간께 6개월간 약이고 뭐고 주더만, 공짜로. 보건소에서 다님서도 두 까치나 세 까치는 피웠어. 보건소에서 약이 떨어지네, 그러고 담뱃깝 요번에 짝짝 찢어서 내부러부러. 그러고는 담배를 끊어. 담배는 우연찮게 끊어졌어, 담배 끊을 생각도 않던 사람이.

혼자 하는 500평 농사

500평 농사는 혼자 하제. 유기농 재배라 농약은 와서 해 줘, 비료만 우리가 뿌리제. 작년 그렇게까지만 해도 혼자 다 힜제. 근데 나이가 들어붕께 그리고 다리가 안 좋아서 시술을 받은 일이 있어. 그 뒤로부터는 비료통을 지고 논에를 못 들어가. 그러면 거시기 때는 초벌을 갈아놓고 맨 바닥에 뿌릴 때나 뿌리지, 모 심어 놓고는 못 들어갈께. 이듬해부터는 애기들이 와 초벌 비료도 뿌리고 나머지 가을에 이삭거름 7월 말경에 고놈들 와서 뿌리고 그러제. 그러고남서 나는 물만 좀 봐주고. 논두렁도 애기들이 와서 뜯고, 애기들이 못 뜯으면 내가 좀씩 뜯다가 뜯다 말다 해서 그러면은 풀이 나잖아. 풀이 나면 논으로 전부 들어가니까 못 해. 방제약으로 뜯어 내야디아. 논두렁을 뜯다 보면 못 허는 놈도 있고 뜯는 놈도 있고 그렇께 다 뜯어야 끝이 나제. 어떤 배면은 뜯다가 어떤 데는 안 뜯고 그러면 뜯은 놈 배면은 개안은데 안 뜯은 배면은 심란할 거 아니야. 그런 게 꼴 보기 싫은 게 다 뜯제.

물레방아 할 때는 이 도랑이 겁나게 넓었어

저기가 건물 빈 디가 정미소예요. 그때는 물레방아로 방아를 찧었거든. 물레방아로 한 몇 십 년 찧다가 난중에는 전기가 들어옴서 모터로 돌아갔제. 물레방아 한 거 기억하제. 옛날에 물레방아 할 때는 이 도랑이 겁나게 넓었어. 이제 물레방아 없어짐서 복개 사업인가하면서 도랑이 좁아졌제. 겨울에도 계속 물이 흘러. 아무래도 물레방아로 찐 게 지금 찌는 것과는 또 틀리제. 지금은 모터로 찌어붕게 빨리 찌는데, 그제는 일일이 사람 손으로 떠넣고 그랬제. 어려서부터 여튼 찌었지. 우리도 거기서 띠어다 먹고 그랬제. 그래가지고 거 정미소 개인으로 넘갔는데, 언젠가 정미소가 항간 대로에 방신 없이 놀리더라고. 방아를

젊은 사람이 찧다가는, 어쩔 때는 찌면 손해라고 뭐라 그라면서 그만두어부렀으. 정미소 그만둔 지가 한 30년 된다고 해도 맞겄는데.

　　여기 안 차정리랑 바깥 차정리만 아니라 저 화방리까지도 방아 찧으러 왔어. 옛날에는 우리가 방아를 찐다고 허면 물레방아로 찐 게 여럿이 모다났다 찌제. 양이 많은 사람들은 한번에 찌어가고, 쫄딱쫄딱 찧는 사람들은 모아났다 찌기도 했제.

| 공간 |

논 세마지기 팔아, 50년 만에 다시 지은 집

　　이 집터에서 살림을 했어. 50년 만에 뜯고 다시 이 집을 지었거든. 50년 살았제. 그 터가 이 터야. 첫 살림은 여기서 안 하고 우게에서 살다가 이사를 내려왔제. 작은 집에서 살다 큰 집으로 온다고 왔는데, 집 한 번 짓고 뭐도 헌 게 한 50년 산께 그 집이 또 짠타고 안 맞어. 방이 좁네, 방을 키워 놔서 현관이 뭐 짜잔하네 허면 다시 헐고, 이 집을 재작년 초부터 짓다가 1년이 넘기 들어갔고 요놈 준공이 끝났어. 집 지을랑께 돈이 없어. 그래 논 세마지기를 팔았어. 그거 팔아 갖고 지은 집이여.

• 외부

• 내부

'큰애기 때는
호강있게 살았어요'

방정숙 | 1946년생

장성군 물레방앗간집 8남매 중 둘째로 태어났다.
1967년 선 보고 일주일 만에 다섯 살 많은 남편과
혼례를 올리고, 평생 농사만 짓고 살았다. 시집 온 그해
막내 시동생은 여섯 살이었다. 자식 중에는
의사도 있고 마을 이장도 있다.

| 생애 |

물레방앗간집 8남매

고향이 여기 장성군 북하면이요. 백양사 옆에 동네요. 내가 국민학교 다닐 때 우리 친정 아부지가 들판에다 물레방아를 놓아서 방아질을 했어. 지금도 내 밑에 동생이 정미소 해요. 내 형제가 8남매여. 북하면에 지금 너이넷 살아요. 현재 8남매 다 살아있어요. 나는 둘째고 위에는 언니고 제일로 막내가 올해로 환갑이여. 나는 북하면서 국민학교 졸업은 허구요. 내 욱에^{위에} 언니는 나보단 여섯 살은 더 잡숫고 내 밑에는 세 살 썩 차이가 있고요. 밑에 동생하고는 학교 같이 다녔어요. 긍께 옛날 세상이라 우리 언니는 국민학교 4학년까진가 다니고 학교를 안 다녔어요.

아버지가 선 보고 일주일 만에 올린 혼례

남편이 스물두 살 때 우리 집 왔었어요. 어째서 그렇게 선을 보러 왔냐더만 큰아들이 어디서 말만 일루면 깨졌던 갑소. 옛날 세상에 큰아들이고 할매 할아버지 있고 그런다고. 긍께 옛날 시상에 맞선도 잘 안 보는 시상인디 우리 아버지가 봐야 쓴다, 사위 될 사람은 어떻게 생겼는가 봐야 한다고 해서 선을 보라 왔었어요. 그도 둘이 앉혀서 말한 자리는 아니고 우리 집만 와서 점심 한 번 얻어먹고 갔어요. 내 밑에 동생들이 찬찬히 봤다요, 대문에 들어올 때 방에서 문구멍으로. 철없는가 못 들었는가 봐서 언니를 보내야 한다고. 근디 나는 안 봤시오. 아니 또 뭐시기 속없다 할까 봐 그래서 안 봤어요. 선 본 일주일 만에 시집을 왔어요. 음력으로 12월 15일 날 선보고 26일 날 시집 왔어요.

큰 애기 때는 호강있게 살았어요

여 집은 옛날 요막살이 집이고, 그 당시에 친정집은 그 면에서 제일 좋은 집에 있었어요. 친정아버지가 시집 올 때는 물레방아는 안 허고 큰 정미소를 했제. 옛날에는 정미소 헌다고 그러면은 잘 산다고 그라제. 우리 큰아버지 결혼해 갖고 신행질_길에 우리 친정아부지를 났다요. 성수_{형수} 시집 온 날 시아재를 낳았응께. 우리 친정아버지를 났는디 성수가 안 볼라고 그렇게 우리 친정 아부지가 총각 때 어디 일본으로 어디로 막 돌아만 다녔다요. 성수가 시아재를 안 볼라고 그런께. 그래갖고 결혼히갖고 친정 아부지가 자식들을 엄청 중히 키워줬어요. 그 성수한테 천대받고 산 일을 생각해서 자식들을 귀하게 키워요. 엄청 옛날 시상에도 먹고 잡은 거 다 사 믹이고, 큰 애기 때는 호강있게 살았어요. 일본에 가셨는데 무슨 일을 허신는 지는 모르죠. 나 태어나기 전에 가셨응께 모르제. 스무 살 안짝부터 일본으로 어디로 고러케 돌아다녔다요. 그래갖고 정미소 같은 그런 것을 많이 알으셨던 것 같혀. 긍께 물레방아도 놓아서 허고 했제.

'밑에 동생 가리킬라고' 일만 한 남편

　　남편은 나보다 다섯 살이 많아. 작년에 80에 돌아가시는데 평생 농사만 짓고 살았제. 6남매 중에 큰아들인디 시아버지는 동네 이장을 허시고 밑에 아들 딸 가르킬라고 큰아들은 중학교만 시키갖고 학교 안 보내고 일만 시키드라구요. 시아버지는 군청인가 근무도 했다고 허시죠. 그러고는 일을 안 허고 아들을 일을 시켜서 농사지어서 밑에 당신 자식 가리킬라고. 긍께 우리 아들 말이 우리 아버지같이 불쌍한 사람이 없데요. 밑에 둘째 시아재는 농협에 다녔었어요. 그리고 셋째 시아재는 전남대 나와갖고 회사도 허고 밑에 동생 가르킬라고 큰아들 일만 시깄어요. 일만 많이 험서 또 살림은 안준께 우리는 큰딸 전대 사대 수학과 밖에 못 갈쳤어요. 시아버지가 돈을 안준께. 인자 돌아가시붕께는 작은아들 서울로 의대를 보내도 돈 없으면 대출 빼서 쓰고 또 벌어서 갚기도 허고. 그러고 살면서 막둥이만 가르쳤네요.

할머니가 이뻐붕께 시집살이를 못 시킷제

그때 온께 막내 시동상이 6살. 학교도 안 다니고 그래도 시누들은 소양없어. 아무리 친정에 들고 댕김서 옷 입히고 그러고 키웠어도 아무런 소용없어. 친정어머니는 포목 장사를 하셨어요. 비단장수 했어. 또 친정아버지는 정미소 허고. 긍께 친정에 가면 시누도 들꼬 가면 우리 친정 어무니가 옷도 해서 입혀도 소용 없드만. 그라고 시집 온 께 시어머니 가지 뭐도 못 허네 했지. 그 가지 심어서 여름에 반찬으로 히야 하는디 고놈도 못 심는다고, 가지 반찬도 못한다 허지. 근데 할머니 할아부지가 계시붕게 손주 며느리를 더 이뻐했어. 당신 옆에 와서 밥 묵으라고 그러고. 그렁께 시어마니가 시집살이를 못 시킷제. 할머니가 이뻐붕께. 그때 할머니, 할아버지는 일은 안 하셨어, 놔놓은 증손주만 봐주고. 그러고 또 친정이 짱짱해 논 게 시아부지가 함부로 못 허덜라요.

요 앞에 내울이 있었어요. 지금은 우리가 덮개를 해 부렀제. 옛

날에는 빨래 빨고 식구가 많응께 밥 해주고. 그거만 하고 누가 옆에 산 지도 모르고 살았제. 그게 시집살이여. 어디도 못 가고.

아들이 의사라 80까지 살았제

너이 다 담양동국민학교를 다녔지라. 동국민학교 다니고 중학교도 다 담양으로 다니고. 고등학교는 작은딸은 광주사대교육으로 가고, 큰아들은 광주 금호고등학교로 가고, 작은아들은 창평고등학교로 갔죠. 고등학교 다닐 때도 돈 하나 안 내고 댕겼어요. 그래도 누구는 닮았는가 공부는 다 잘했제이. 긍께 우리 큰아들이 항상 허는 말이, 아버지는 이런 사람이 아니었는디 할아버지가 아들을 일만 시키고 당신이 다 한 체를 해서 아버지가 아무 생활이 없이 삼서 술만 잡수고 살았다고. 일만 허고 술을 잡숴가지고 간이 안 좋아서. 근디 그놈 술은 집의 어른들이 먹어도 괜찮다고 하는 술은 먹었시야 하는데, 못 먹게 한 게 뭣이 되는디야. 그래도 아들이 의사라 80까지 살았제. 그라 안 했으면 진작 갔을 텐데.

| 일상 |

코로나 때문에 암껏도 안허고 화투만 쳤어요

큰아들은 이장험서 동네 터가 잘 디어갔고 뭐가 없응께 회관 안 가면은요 가만히 누워서 책만 읽는다고 아들이 와서 화투 치자 불게요, 한 판에 만 원짜리. 회관에 가믄은 일들 헌 게 별로 없고 농사도 안 짓고 밭일도 별로 안 헌 게 그냥 밥 지믄 지금 누구 잡수시나 그런 것 허고 서이는 매일 회관을 가죠. 가믄 또 한 사람 쏙 오면 너이 화투 치다 다섯이 치다 그러갖고 하루를 닝기고 닝기고 했어요. 코로나 때문에 회관 문을 닫아 붕게 못 가제. 요 회관에 사람도 많이 안 오고 또 동네가 작은 게 그러지마는 뭐 와서 뭣도 갈춰주고 헌다는데 그런 사람도 없었어. 그래서 암껏도 안 허고 화투만 쳤어요. 너이 다섯이 앉아서. 근디 그 운동헌 것이 좋드먼요.

내가요 좀 입이 물짜

입이 나빠. 넘들 좋아허는 음식도 싫어허고, 또 김치도 익은 김치는 안 묵어, 생김치만 묵어. 또 소고기 넣어서 미역국도 싫어혀. 긍께 무만 넣어서 국 끓여서 한 그릇 묵고 생김치도 내가 담가서 먹고, 그러고 또 생살은 조개만 묵어. 인자 속 아프고 헝께 다리뼈만 아파서 거시기 허제. 아침에 일나서 밥해서 먹고, 세수허고 테레비 좀 보다가 운동 한번 갔다 오고 또 점심 묵고, 회관 열 때는 오후에 회관 가서 놀고 고것이 일과여. 아들 아버지 살았을 때는 밭으로 벌었는디, 밭은 회관 옆에 300평도 있고, 저 뒤에 땅도 300평도 있고 밭도 쪼께 사서 그거다 감나무 심어놓고. 아부지가 건강이 안 좋응게 아들 앞으로 이전 다 해주고 돌아가셨어요, 죽은 뒤에 답답허다고. 지금 수입은 국민연금 한 30만 원 타요, 또 기초연금 20만 원 타고. 또 아들 의사라 딱 좋턴 게 용돈을 엄마 고정으로 허라고 30만 원 주더만요. 한 달도 안 빼 놓고 딱딱 줘요. 또 묵을 것도 사다 주고 지가 와서 밥 사주고 허제. 그럼 그 돈 가지고 살제. 그걸로 손주들 오면 용돈 주고. 손자가 일곱 명이나 된께 손주들 용돈도 줘야 되고.

50년 된 동네 정미소

동네 정미소가 있었어요. 우리 아들 앞전에 이장 헌 곳 허고 우리 집이요. 이장 아부지 허고 확장해서 정미소도 한 몇 년 했어요. 우리 친정이 정미소인께 한 번 히볼까혀서. 개인 정미소가 아니라 동네 정미소여서 동네가 세를 주까 허다가 난중에는 안 혔어. 그때 당시가 우리 젊었을 땡게 한 4, 50년 가까이 된가 모르겄어요. 시집와서 얼마 안 되가꼬 혔응께. 그때 얼마 준지를 모르제. 아들이 헐라고 헌께 시아부지가 지가 돈을 내고 싶은 거고. 근디 우리 친정 아부지는 옛날 교통을 안께 계속 허싰는디 하도 오래된 일이라 모르는디 좀 허긴 혔어. 그기가 지금 정미소 자리고 정부땅이래요. 그기 산 양반 집은 평수가 쬐금히 샀는디 지금 고렇게 방아질도 못 험슨 쓰도 안 허고 그러고 나불제.

동네적으로는 부자다

사람들 좋고 동네 인심도 좋고 좋지라우. 내가 볼 때는 사람들 다 좋아. 고 나쁜 사람도 없고 살기 좋은 마을이제. 옛날에 그 김씨들이여 방앗간을 내놓고. 박씨들이 숲에 동네 땅을 내놨다고 허드라고. 글고 숲이었는지 그걸 이라서 동네에 다 줬다 헌다고. 그러니께 개인 부자는 없어도 동네적으로는 부자다 이거지.

| 공간 |

• 외부

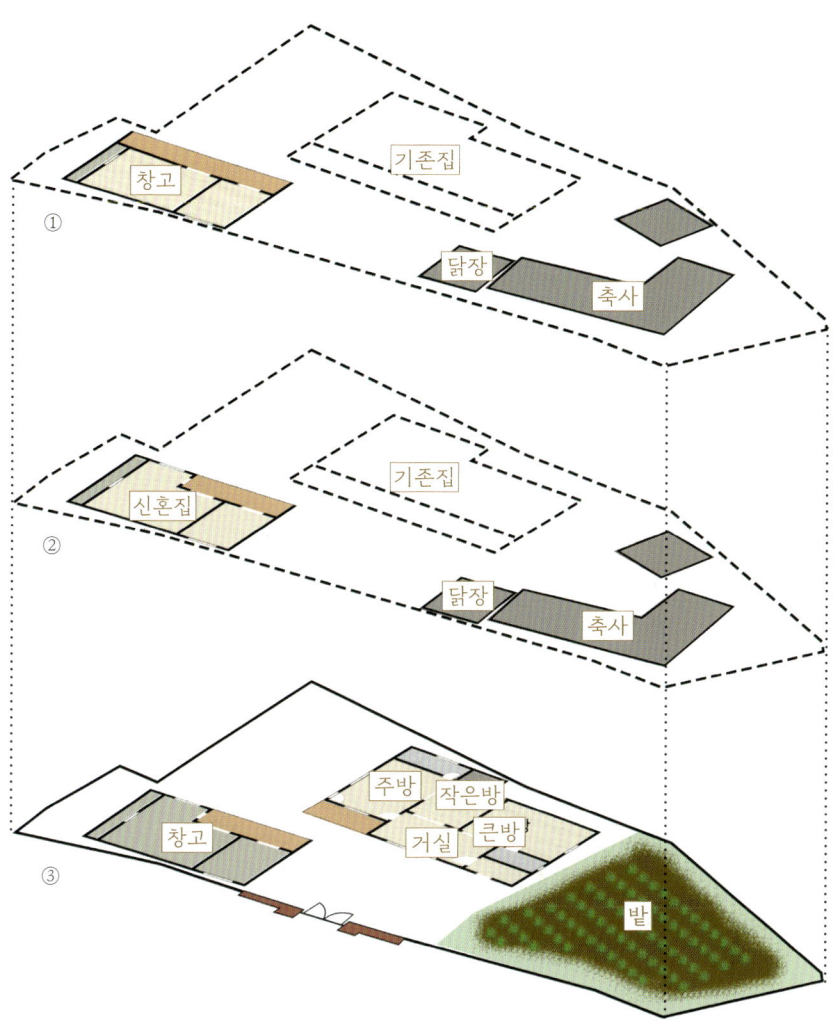

① '시집와서 살던 방을 한 칸씩 한 칸씩' 늘여왔다.

② '진광(광) 하나에 방 두 개를 합치면서 키운 방 하나'.
'대(竹)로 엮어진 문이 달려있었던 진광(광)'이 있었다.

③ '큰 아들이 중학교 때 입식 부엌이 유행'했다.
지금 살고 있는 안채에는 주방, 큰 방, 작은 방, 거실이 있고
'스물두 살에 시집와서 지금까지 55년을 산 집'이다.

• 내부